# 新征程上的奋斗者

任初轩◎编

人民日报出版社

北京

图书在版编目（CIP）数据

新征程上的奋斗者 / 任初轩编 . -- 北京 ： 人民日报
出版社 ， 2025. 6. -- ISBN 978-7-5115-8822-7

I. K820.7

中国国家版本馆 CIP 数据核字第 20252AK135 号

书　　名：**新征程上的奋斗者**
XINZHENGCHENG SHANG DE FENDOUZHE

作　　者：任初轩

责任编辑：周海燕　　马苏娜
封面设计：元泰书装

出版发行：人民日报出版社

社　　址：北京金台西路 2 号

邮政编码：100733

发行热线：（010）65369509　65369527　65369846　65363528

邮购热线：（010）65369530　65363527

编辑热线：（010）65369518

网　　址：www.peopledailypress.com

经　　销：新华书店

印　　刷：大厂回族自治县彩虹印刷有限公司

法律顾问：北京科宇律师事务所　（010）83622312

开　　本：710mm×1000mm　1/16

字　　数：200 千字

印　　张：15

版　　次：2025 年 6 月第 1 版

印　　次：2025 年 6 月第 1 次印刷

书　　号：ISBN 978-7-5115-8822-7

定　　价：58.00 元

**如有印装质量问题，请与本社调换，电话（010）65369463**

# 目 录
## Contents

做新时代挺膺担当的奋斗者 ………………………………… 001

光荣属于每一个挺膺担当的奋斗者 ……………………… 004

### 上篇

十二次刷新世界纪录 ……………………………………… 013

提升专业技能 完成值守任务 …………………………… 016

当好大数据产业"守门员" ……………………………… 018

努力服务好每位村民 ……………………………………… 020

守护乡亲健康三十年 ……………………………………… 022

爱岗敬业，做脚踏实地的奋斗者 ……………………… 024

磨砺技能 守护平安 ……………………………………… 028

"我的梦想在深海" ……………………………………… 030

立足本职 廿载"续火" …………………………………… 032

精研技艺 永不止步 ……………………………………… 034

让计算机更聪明 …………………………………………… 036

不断钻研，才能做到专业 ……………………………… 038

将平凡工作干到极致 ……………………………… 040

精益求精 熔铸匠心 ……………………………… 042

匠心有传承 钢丝拧成绳 ………………………… 044

冲在前头 干在实处 ……………………………… 046

从不气馁 永不放弃 ……………………………… 048

执着创新 勇于突破 ……………………………… 050

麻建军：认真做好每件事 ……………………… 052

黄险波 磨出来的"材料魔术师" ……………… 054

碧空追梦人 丹心报国志 ………………………… 056

"大工匠"守卫"大红旗" ……………………… 059

17年，炼成"女焊将" …………………………… 061

关键技术要掌握在自己手里 …………………… 063

海尔创客 梦想起飞 ……………………………… 065

三尺机台，"车"出精彩人生 ………………… 067

她让电动车无线充电 …………………………… 069

工作中提升 竞赛中超越 ………………………… 071

不要差不多，瞄准最完美 ……………………… 074

穿梭中编织绚丽 ………………………………… 076

技能大师 油田长成 ……………………………… 079

技术创新有一手 ………………………………… 082

小事做到底 服务送到家 ………………………… 084

"钢轨的方向就是诗和远方" ………………… 086

车工就玩儿"一把刀" …………………………… 089

一名正能量满满的农民工 ……………………… 092

一双手 一股劲 一片天 ………………………… 094

焊花飞溅写青春 ……………………………………… 098

守望夜空里的中国之星 ……………………………… 100

永远保持归零的状态 ………………………………… 102

码头上的"点子大王" ………………………………… 105

从农民工到技能大师 ………………………………… 107

车痴吕义聪 …………………………………………… 110

甘为古寨"掌灯人" …………………………………… 112

为"艾"服务十八载 …………………………………… 115

做精雕细琢的劳动者 ………………………………… 117

用"牛劲"攀登科研高峰 ……………………………… 119

带领村庄实现美丽蝶变 ……………………………… 121

"土师傅"带出"洋徒弟" ……………………………… 123

"创新,工人也有大作为" …………………………… 125

一生做好一件事 ……………………………………… 127

有技术就要传给更多人 ……………………………… 129

舞动铁臂天地间 ……………………………………… 131

把创新刻在骨子里 …………………………………… 135

最美的青春留在车间 ………………………………… 138

下篇

动物园里有学问 ……………………………………… 143

慢火车也能驶入"快车道" …………………………… 146

铿然共舞英雄气 ……………………………………… 148

新寨村何以飘来咖啡香 ……………………………… 150

厨房蕴百味 匠心烩珍馐 ……………………………………… 152

以中国建造助力极地科考 ……………………………………… 154

打造"带不走的医疗队" ……………………………………… 156

以人才活水润泽乡村 …………………………………………… 158

把忠诚镌刻在界碑上 …………………………………………… 160

把话说开、把理讲明、把事办实 …………………………… 162

武动风华 艺传八方 …………………………………………… 164

青山绿水照梦来 ………………………………………………… 166

潜心科研 守护花开 …………………………………………… 168

浓浓的乡情 稳稳的担当 ……………………………………… 170

跨越山海 护佑健康 …………………………………………… 172

让"沙窝窝"变"绿窝窝" …………………………………… 174

向历史的深处求索 ……………………………………………… 176

守护稀有剧种 传承文化瑰宝 ……………………………… 178

种地也能"种出名堂" ………………………………………… 180

探寻中华瑰宝 守望文明长河 ……………………………… 182

歌声相伴 成长飞扬 …………………………………………… 184

守千年青苍，护文明根脉 …………………………………… 186

用心用情讲述好英烈故事 …………………………………… 188

技艺流传 文化流芳 …………………………………………… 190

传承好中医药文明瑰宝 ……………………………………… 192

弹好化解矛盾的冬不拉 ……………………………………… 194

育更优中国种 产更多中国粮 ……………………………… 196

在专业领域就要"斤斤计较" ……………………………… 198

修缮老屋 留住乡愁 …………………………………………… 200

种地可以更有吸引力 ……………………………………………… 202

为美好生活保驾护航 ……………………………………………… 204

讲好动人的海上丝绸之路故事 …………………………………… 206

呵护好景迈山的古茶林 …………………………………………… 208

## 拓展阅读

唱响新时代劳动者奋斗之歌 ……………………………………… 213

劳动谱写时代华章 奋斗创造美好未来 …………………………… 224

# 做新时代挺膺担当的奋斗者

在"五一"国际劳动节来临之际，党中央、国务院召开大会，隆重庆祝中华全国总工会成立 100 周年，表彰一批全国劳动模范和先进工作者。这是党的二十大明确新时代新征程党的中心任务后，首次开展全国性劳模表彰，必将激励全党全国各族人民以更加饱满的热情、更加顽强的奋斗、更加智慧的创造，为推进中国式现代化挺膺担当、不懈奋斗。

劳动创造幸福，奋斗铸就伟业。新时代以来特别是 2020 年以来，以习近平同志为核心的党中央团结带领亿万人民砥砺前行，有效应对严峻复杂的国际形势和接踵而至的巨大风险挑战，推动中国式现代化迈出新的坚实步伐。在这一历史进程中，各行各业涌现出一大批先进模范人物，这次表彰的 1670 名全国劳动模范、756 名全国先进工作者，就是亿万劳动群众中的杰出代表。他们在平凡的岗位上创造了不平凡的业绩，展现了敢打硬仗、勇挑重担的时代风采，为全国上下树立了光辉学习榜样、激发了强大精神动力。

新时代以来的这些年极不寻常、极不平凡，我们党始终紧紧依靠人民，攻克了一个个看似不可攻克的难关险阻，交出了一份又一份载入史册的答卷。从载人航天事业捷报频传，到量子科技、人工智能等科技成果竞相涌现，再到粮食产量有史以来首次迈上 1.4 万亿斤台阶、铁路营业里程突破 16.2 万公里、新能源汽车年产量首次突破 1000 万辆……我国工人阶级和广大劳动群众在党的领导下集中精力办好自己的事，在千帆竞发的经济建设大潮中干事创业、奋楫争先，用智慧和汗水谱写了"中国梦·劳动美"的新篇章。人民是历史的创造者。正是始终坚持以人民为中心，充分激发亿万人民的劳动热情、创造潜能，中国式现代化拥有了最坚实的根基、最深厚的力量。

工运事业是党的事业的重要组成部分。回顾工运历史，党的一大就明确中国共产党成立后的中心工作是领导、组织和推进工人运动。中国工会成立100年来，在中国共产党的坚强领导下，围绕党在各个历史时期的中心任务，与党同心、跟党奋斗，组织动员工人阶级和广大劳动群众团结拼搏、建功立业，为革命、建设、改革作出了重要贡献。特别是新时代以来，工会牢牢把握实现中华民族伟大复兴的时代主题和方向，坚持以职工为中心的工作导向，坚持加强工会改革创新，组织动员广大职工在各行各业、各个领域创新创造，为全面建成小康社会、推进中国式现代化担当作为。

今天，以中国式现代化全面推进强国建设、民族复兴伟业呈现出无比光明灿烂的前景。我国工人阶级和广大劳动群众信念更加坚定，素质全面提高，面貌焕然一新，充分展现了主人翁的豪迈姿态，焕发出强烈的历史主动精神，正以不信邪、不怕鬼、不怕压的顽强斗争打开事业发展新天地。实践充分证明，我国工人阶级不愧是我们社会主义国家的领导阶级，不愧是先进生产力和生产关系的代表，不愧是坚持和发展中国特色社会主义的主力军。前进道路上，只要始终坚持全心全意依靠工人阶级的根本方针，充分调动广大职工群众的积极性、主动性、创造性，就能够凝聚无坚不摧、无往不胜的磅礴伟力。

当前世界之变、时代之变、历史之变正以前所未有的方式展开，实现我们的奋斗目标，推进我们的宏伟事业，更加需要我国工人阶级和广大劳动群众增强主人翁意识、发挥主力军作用。这要求我们，牢牢把握高质量发展这个首要任务，围绕发展新质生产力、建设现代化经济体系等，加强产业工人队伍建设，加快建设一支知识型、技能型、创新型产业工人大军，培养造就更多大国工匠和高技能人才；一体推进教育科技人才事业发展，着力提高劳动者素质，推动实现"人口红利"向"人才红利"提升，不断增强我国未来发展新优势；切实实现好、维护好、发展好劳动者合法权益，有效提升职工群众获得感、幸福感、安全感。

大道至简，实干为要。"中国式现代化的新征程上，每一个人都是主角"。每一份辛勤付出都将汇聚成昂扬奋进的时代洪流，每向前一步都将叠加成不可阻挡的发展之势。让我们更加紧密地团结在以习近平同志为核心的党中央周围，向劳动模范和先进工作者学习，大力弘扬劳模精神、劳动精神、工匠精神，挺膺担当、攻坚克难、奋发有为，在推进中国式现代化的火热实践中书写劳动风采、创造时代荣光。

（《人民日报》2025 年 04 月 28 日第 01 版）

# 光荣属于每一个挺膺担当的奋斗者

　　风拂大地，麦浪翻滚；机器轰鸣，昼夜不息；仪表运转，数字跳动……在奋进中国的脚步里，劳动和奋斗始终是最强音。

　　党的十八大以来，习近平总书记在多个场合礼赞劳动，勉励广大劳动者，指出"美好生活都是靠劳动创造出来的"，强调光荣"属于每一个挺膺担当的奋斗者"。温暖有力的话语，激励着无数劳动者、建设者、创业者在新时代新征程上勇毅前行。

### 成于奋斗

#### "中国的今天，是中国人民干出来的！"

　　伶仃洋上，深中通道蜿蜒伸展，宛如大鹏振翅欲飞。

　　60多个参建单位、1.5万多名建设者、200余项发明专利、多项世界纪录，工程建设者在珠江口画下关键"一横"。"我们共同造就了超级工程，超级工程也让我们拥有了人生的高光时刻。"工程师曾炜自豪地说。

　　"中国的今天，是中国人民干出来的！"新时代以来，党和国家事业取得历史性成就、发生历史性变革，源于奋斗、成于奋斗。

　　伟大成就，镌刻着奋斗者的奉献担当——

　　综合管廊被称为雄安新区的地下"生命线"。中国雄安集团基础建设有限公司运营管理部部长马永君守护着这条生命线的平稳运行。

　　这名工友口中的"工地博士"带领团队一趟趟跑现场、改方案，一次次实验改进又推倒重来，历时 2 年多终于攻克运维工作量大、人工巡检效率低、多系统数据不兼容等难题，成功建设道路管廊智慧运维平台，为管廊装上了"千里眼"和"智慧脑"。

"各行各业的人们都在挥洒汗水，每一个平凡的人都作出了不平凡的贡献！"奋斗者用日复一日的拼搏，书写着新时代的动人篇章。

伟大成就，凝结着奋斗者的智慧创造——

2025 年一开年，好消息不断。

宇树科技创始人王兴兴带领团队长期坚持自主研发，持续优化迭代，研发的四足机器人在全球市场占据领先地位，人形机器人成功"破圈"。

80 后企业家梁文锋带领一支 90 后占比超过 75% 的本土团队，推出人工智能大模型，探索在低算力成本下实现顶尖模型性能，一举打破国外人工智能巨头建立的"护城河"。

国产动画电影《哪吒之魔童闹海》导演杨宇与国内特效团队合作，实现"动态水墨渲染引擎"等技术突破，打造东方美学的视觉盛宴。

新时代的奋斗者正以智慧与创造，让越来越多的科技创新跑出"加速度"，跑进"决赛圈"，跑上"领奖台"。

伟大成就，饱含着奋斗者的勇气胆识——

广东江门市新会区天马村"小鸟天堂"成就了巴金笔下的名篇，是当地村民世代守护的美丽家园。然而由于地形所限，这个生态景区成为深茂铁路必经之地。

如何让飞驰的列车不惊扰到小鸟？没有借鉴案例，也没有成熟经验。

"越有挑战，越要敢想敢干。"中铁第四勘察设计院集团有限公司桥梁设计研究院副总工程师曾敏带领团队创新设计出世界首例铁路桥上全封闭声屏障，让呼啸飞驰的列车进入"静音模式"。

一个个奋斗者，托举起自立自强的中国。新时代的中国，正因无数的奋斗印迹而愈发闪耀动人。

礼赞奋斗

## "劳动最光荣、劳动最崇高、劳动最伟大、劳动最美丽"

2021年6月，北京人民大会堂。"钢铁裁缝"艾爱国大步走上授勋台，习近平总书记亲自为他颁授"七一勋章"。

"大国工匠，国家就需要你这样的人。"言语谆谆，承载着深深期许。

从守岛卫国32年的王继才，到把青春和生命献给脱贫事业的黄文秀……习近平总书记在新年贺词里，总是深情地礼赞奋斗、致敬奋斗者。

无论是国家勋章和国家荣誉称号获得者，还是快递小哥、环卫工人、出租车司机，习近平总书记念兹在兹。回信里的暖心问候，调研时的细致关怀，无不传递着大党大国领袖对奋斗者的关爱厚望。

"新时代是奋斗者的时代""幸福都是奋斗出来的，奋斗本身就是一种幸福"……殷殷话语，为奋斗者注入强大精神动力，让奋斗成为新时代最亮丽的底色。

把褒奖献给奋斗者——

2015年4月28日，庆祝"五一"国际劳动节暨表彰全国劳动模范和先进工作者大会隆重举行。这是时隔36年，中国再次用最高规格——以党中央、国务院的名义表彰全国劳模和先进工作者。

国家以金灿灿的奖章、红艳艳的奖状向奋斗者致敬：党内最高荣誉"七一勋章"授予张桂梅、王兰花等扎根基层的楷模；"时代楷模"称号授予塞罕坝机械林场、以樊锦诗为代表的敦煌研究院文物保护利用群体；"全国劳动模范""全国五一劳动奖章""大国工匠年度人物""全国技术能手""最美职工""最美奋斗者"等荣誉褒奖工厂车间、田间地头、科研一线的一个个平凡岗位。

用真诚致敬奋斗者——

一条15秒的短视频被460多万人点赞。画面中，远远看去五线谱般的高压电缆上似有数只小鸟移动，镜头拉近，才发现是一群脚踏电缆作业的电力工人……"有你们的付出，才有我们的光明""你们是五线谱上最美的音符"，一条条留言点赞刷屏。

从以国家菌草工程技术研究中心首席科学家林占熺为原型创作的电视剧《山海情》打动观众，到各地举办庆祝"五一"国际劳动节文艺活动歌颂劳动者，再到开展"劳模工匠进校园"活动激励广大青年学子……对奋斗的崇尚，已融入民族血脉，化作集体记忆。

以关爱回报奋斗者——

"以前就怕磕磕碰碰，一旦受伤，交材料、跑手续，麻烦着呢。"重庆启动新就业形态就业人员职业伤害保障试点后，当了3年外卖骑手的朱鹏，又多了一条保障"安全带"。骑手只需通过手机平台点击"一键报案"，后续配合做好劳动能力鉴定，就能得到及时救治和高效报销。"现在上路，心里更踏实了！"

社保、就业、落户、随迁子女入学……各地区各部门千方百计为各行各业奋斗者筑起全方位保障。

"劳动最光荣、劳动最崇高、劳动最伟大、劳动最美丽"。新时代，奋斗者的名字，被国家、被社会、被无数普通人铭记，他们既是时代的"追光者"，也是光本身。

### 接续奋斗

## "汇聚全体中华儿女团结奋斗的强大合力"

中国式现代化的新征程上，我们的前途一片光明，但脚下的路不会是一马平川。

向外看，百年变局加速演进，世界进入新的动荡变革期。面对贸易摩擦、技术封锁、极限施压，需要挺膺担当的奋斗者去赢得战略主动。

向内看，我国进入高质量发展阶段，新旧动能转换存在阵痛。破解发展中的问题、成长中的烦恼，需要挺膺担当的奋斗者去破冰突围。

新征程是充满光荣和梦想的远征，没有捷径，唯有实干。无数奋斗者立足岗位、拼搏担当，才能"汇聚全体中华儿女团结奋斗的强大合力"，创造新的成就、赢得更大光荣。

习近平总书记向广大劳动者、奋斗者发出号召，"用你们的干劲、闯劲、钻劲鼓舞更多的人"。

铆足干劲，才能拼出美好未来。

看准了就抓紧干！从中国科学院实验室辞职回家种地的"新农人"魏巧，如今忙着建设肉牛育种育肥项目，"稻麦作种植，秸秆变饲料，进了牛嘴变肥再还田……种好地、多打粮，也能产肉，种养循环，这就是我们未来的发展方向。"

2023年全国两会，第一次当选全国人大代表的魏巧与习近平总书记面对面交流。"当我讲起从城市回到乡村的那一段经历时，习近平总书记看我的眼神，充满了期待和认可。"当时的场景，魏巧历历在目，"能感受到习近平总书记对农业、农村、农民有着天然的感情。"

"广袤农村是大有可为的舞台。"耕耘在希望的田野上，魏巧越干越有劲头。

激发闯劲，才能打开崭新天地。

面对外部环境急剧变化的不确定性，浙江绍兴英伦家纺有限公司总经理陈雅见登上了飞往摩洛哥卡萨布兰卡的航班，跟随省里组织的考察团前往非洲拓展市场。他在当地马不停蹄了解政策、考察工厂，铆足劲出海找机会、抓机遇。

"我们是跟全世界做生意""只要有好产品，就不缺新客户"。浙江义乌国际商贸城的商户们外拓市场，内练"新"功，坚定从容。

施展钻劲，才能迸发创新活力。

在全球科技界掀起的具身智能"浪潮"中，上海傲鲨智能科技有限公司这家成立不久的中国公司，已悄然站上赛道前沿。

"我们埋头研究结构、编写代码，甚至自己设计关键机电模块。创新是一场马拉松，不断钻研才有过硬的产品迭代能力。"公司创始人徐振华目标明确：让机器人从"实验室炫技"走向工厂、家庭，真正成为"人体的延伸"。

从探索研发智能光计算芯片、类脑互补视觉芯片等新成果，到无人机深度融入交通出行、物流配送等应用场景，再到电池材料研究接连突破助推新能源汽车领跑全球……凭着一股子钻劲，不断向新而行，中国科技创新活力才能持续涌现。

*** ***

历史造就奋斗者，时代鞭策奋斗者，未来属于奋斗者。

"会心不远，要登绝顶莫辞劳"。新时代的奋斗者，心中有梦想，肩上有担当，必将为以中国式现代化全面推进强国建设、民族复兴伟业汇聚起砥砺奋进的磅礴力量。

（本报记者徐杭燕、邵玉姿、范昊天、沈靖然、姚雪青、沈文敏参与采写）

（本报记者 李鹤 钱一彬 刘书文《人民日报》2025 年 04 月 27 日第 01 版）

# 上篇

## 东港口集团青岛港"连钢创新团队"

# 十二次刷新世界纪录

每小时 60.9 个自然箱！在山东港口集团青岛港全自动化集装箱码头，桥吊的平均单机作业效率再一次刷新了自动化集装箱码头装卸效率的世界纪录。

作为青岛港"连钢创新团队"带头人，张连钢与团队第十二次刷新这一世界纪录。

1983 年，从武汉水运工程学院（武汉理工大学前身之一）毕业后，张连钢来到青岛港。在机关工作不到 10 个月，他便主动请缨参与青岛港第一个集装箱泊位建设。

2013 年，世界前十大集装箱港口中，我国占据 7 席。但也有短板——没有一座自动化码头。

"要给中国人争口气。"青岛港决定启动自动化码头建设项目。主持过多项科技攻关项目的张连钢，扛起了自动化码头筹建重任。

"出国学？人家都不让下车拍照。花钱买？卖家开出天价。"张连钢下定决心，"核心技术买不来、换不到，唯有自立自强。"

项目启动时，张连钢正处于肺癌手术后的康复期。"拼命都不一定能干好，不拼命肯定干不好。"张连钢带领团队通宵达旦连轴转。

面对自动导引车（AGV）控制系统的研发瓶颈，张连钢吹响了团队攻坚的冲锋号。

2017 年 5 月 11 日，青岛港自动化集装箱码头开港运营，一声令下，数千个集装箱开始装卸，大家的心跳也越来越快。

数据跳上屏幕："桥吊单机效率 26.1 个自然箱 / 小时"，创下世界自动化集装箱码头商业运营首船作业最高效率！那一刻，团队成员泪湿眼眶。

二期建设时，他们定下"超越一期、引领世界"的目标，引入"氢动力 +5G 技术"等大胆设想；三期工程中，推出全国产全自动化集装箱码头智能管控系统 A-TOS，实现了从底层软硬件到上层应用关键核心技术的完全自主可控……

"创新不是一个人的长征，而是团队的接力赛。"张连钢说。在"传帮带"机制下，前浪奔腾澎湃，后浪生生不息——

"初来乍到，发现这里所用的技术、需要的能力，远超我所学，曾想过打退堂鼓。"90 后团队成员许浩然说。

"大家都是从无到有、克服重重困难，才走到今天。"听前辈们传授经验，许浩然重拾信心。

AGV 路径规划算法是全自动化码头生产控制系统的"灵魂"。为了模拟真实工况，许浩然与团队成员在零下十几摄氏度的低温环境里连续测试 48 小时，经历无数次推倒、重建，一种全新的、高效率自动化码头 AGV 路径规划算法成功上线。

"只有不断学习新知识、掌握新技术，才能紧跟时代步伐。"80 后团队成员张常江深有感触，他曾用三天三夜破解 AGV 充电难题，使设备减重 12 吨、电池寿命延长至 12 年以上。

从"跟跑"到"领跑"，"连钢创新团队"的步伐从未停歇——

张连钢的手机里存着港口规划蓝图，"我们正在谋划多项技术创新：一是推动人工智能等新质生产力加速'开花结果'；二是做好新一代智能高效、绿色、轻量化港机装卸设备等原始底层创新；三是构建新一代智慧绿色港口。"

暮色下，码头装卸繁忙。张连钢登上眺望台，海风掠过他斑白的鬓角，"我们的目标，是让中国港口屹立于世界领先之列，为世界级海洋港口群建设贡献智慧与力量。"

（本报记者 李蕊 《人民日报》2025 年 04 月 27 日第 04 版）

"南海救 115"轮船员——

# 提升专业技能 完成值守任务

"把希望带给别人，把危险留给自己。"交通运输部南海救助局"南海救 115"轮的船员们如是形容海上救助事业。每一个危急关头，他们都不畏艰险，始终践行生命至上的救援使命。

"南海救 115"轮是交通运输部南海救助局所属 9000 千瓦级大功率海洋救助船，荣获 2024 年全国工人先锋号。

2023 年 9 月，一艘外籍货轮在南沙永暑礁附近发生主机故障，失控漂航，情况危急。"南海救 115"轮立即出动，前往应急处置，全体船员与时间赛跑，在短短 30 分钟内完成与遇险船的接拖，将遇险船安全地拖离浅滩区，并一直守护至遇险船完成主机修复。

"有一次救助现场的风浪很大，我们在后甲板进行接拖作业，被风浪打倒了无数次，好几个同事被擦伤。""南海救 115"轮水手长卢大明说，5 个多小时的连续作业，全靠着信念和毅力支撑下来。

自 2010 年入列以来，"南海救 115"轮长期坚守在祖国南海，共执行救助任务 111 起，救助遇险人员 1361 人、遇险船舶 42 艘，获救财产估值约 75 亿元。

搁浅船施救、水面搜救、水下清障、对外消防……"南海救 115"轮结合西沙、南沙海域特点和救助实际需求，有针对性制定训练项目，通过专项训练、综合演练等方式，船员们的应急救助能力不断提升。"接下来我将不断提升自己的救助技能，为救助事业贡献自己的力量。""南海救115"轮大副刘云龙说。

截至 2024 年 1 月，"南海救 115"轮圆满完成了 10 批次 903 天南沙值守任务，充分发挥了专业救助力量在南沙救援体系中的作用。

（本报记者　洪秋婷　《人民日报》2024 年 05 月 02 日第 03 版）

信息安全工程师田超——

# 当好大数据产业"守门员"

如何提高网络安全风险防范能力，完善应急处置？田超与同事们默默探索，在网络空间里当好"守门员"。

"我们的工作和医生很像，平时主要给系统做'体检'，系统出现漏洞时，第一时间找准'病因'，做好治疗和修护。"2020 年，田超入职云上贵州大数据产业发展有限公司，成为一名信息安全工程师，主要负责相关云平台的网络安全。

监测和分析网络流量，识别潜在的安全威胁，及时响应和处理各类网络安全事件，带领团队制定和完善安全策略……为提升系统安全防护能力，田超紧盯新型漏洞，编写预警通告，提出解决方案。

2021 年初，为完善提升网络安全防御能力，云上贵州成立相关实验室，田超成为实验室主要负责人。"借助实验室，我们开展一系列防御测试，完善防范策略。"田超介绍，通过牵头域控安全和安全工具开发等技术研究，分析其中遇到的问题，提出优化解决方案，可以避免用户数据泄露等风险。

一个云平台往往涵盖许多子系统，需要定期进行全面检查。"我们结合海量样本，自主研发了专项漏洞扫描工具，只需选择对应的漏洞类型，就能快速扫描，不仅节省大量时间，排查准确率也提高 50%，检查效率大大提高。"田超说，4 年来，他已经牵头自主研发 20 多个工具，有效保障各类系统安全稳定运行。

2021 年以来，田超带领团队参加省内外各类网络安全技能竞赛，凭借过硬的技术斩获多项荣誉。现在，新一轮专项风险排查正在进行，田超紧张地忙碌着。"我将继续当好'守门员'，为贵州大数据产业安全发展贡献力量。"田超说。

（本报记者 苏滨 《人民日报》2024 年 05 月 02 日第 03 版）

湖北省宜昌市五峰土家族自治县客运驾驶员邓兰舟

# 努力服务好每位村民

　　在湖北省宜昌市五峰土家族自治县，一辆客运车每天往返于五峰县的集镇和村庄之间。客运车驾驶座旁边，固定着一个铁皮信箱，邓兰舟用这个信箱联系村民。

　　邓兰舟是五峰土家族自治县三农客运有限公司的驾驶员，也是一名县人大代表。工作中，邓兰舟经常听到村民谈论民生，"我大部分时间在开车，不方便和乡亲们交谈，就放了一个信箱，让乡亲们写下自己的建议。"邓兰舟说。

　　有一次，村民写信反映路边的临时候车棚漏雨，需要及时修整。邓兰舟看到留言后，第一时间联系有关部门，不久汽车站就换了全新的顶棚，村民对邓兰舟更加信任。

　　邓兰舟是一名驾驶员，也为村民带货。客车抵达集镇后，邓兰舟就下车穿梭在商铺之间，帮沿途村民捎带生产生活用品。有时候客车虽然没有坐满乘客，但后备箱却塞得满满当当。

　　工作16年来，邓兰舟免费为村民们带货超过10万件，他的手机存了800多个电话号码、有2000多名微信好友，其中大部分是需要带货的村民。

　　"村民们的笑脸就是我最大的动力。"邓兰舟说。2022年，邓兰舟发起组建了一支志愿服务队，为村民提供志愿服务，村里的老年人和留守儿童是重点服务人群。截至目前，志愿服务队累计开展志愿服务时长达

2400 多个小时，开展志愿服务活动 900 余场次。

邓兰舟所在的客运公司，目前有 6 辆车组成以他名字命名的邓兰舟车队，为村民提供客运、带货、应急救援等服务。

"行程有终点，服务无止境。"邓兰舟说，"我是一名普通的客运驾驶员，安全出行，开好车、送好货，努力服务好每位村民，是我最大的愿望。"

（本报记者 易舒冉 汪馨媛 《人民日报》2024 年 04 月 30 日第 04 版）

云南大理平坡镇高发村村医张智娟

# 守护乡亲健康三十年

白大褂、蓝头套，隔着老远，就能认出张智娟。张智娟是2024年全国五一劳动奖章获得者，她在云南大理白族自治州漾濞彝族自治县平坡镇高发村担任村医30年，跑遍了村里每一户。她是村医，也是高发村妇联主席和高发村党总支第一党支部书记，她的卫生室，还是一间调解室。不管是疾病，还是遇到矛盾纠纷，村民都愿意找张智娟。

"小时候村民帮我，长大了我得守护村民。"张智娟告诉记者，她和弟弟妹妹的成长离不开乡亲们的帮助。担任村医没多久，张智娟就跑遍了高发村13个自然村的每一户村民家。无论白天还是深夜，张智娟都是随叫随到。曾经，凌晨3点，一通急电，为了赶到难产的彝族妇女身边，怀孕的张智娟冒着雨打着手电，为彝族妇女诊治。现在回想起来，张智娟依然坚决："我是村医，我不去谁去？"

随着分级诊疗机制逐渐完善，在仅有两名医生的村卫生室，张智娟把重点放在了预防生病、治疗小病上。科普宣传、签约服务，这些事她总是做在前头；看病拿药、孕妇产检，张智娟也积极干。到了农闲，她还不时自己掏钱包车带妇女老人到县城或乡镇看病；遇到患者有困难，垫付医药费用也是常事。日程挤得满满当当，偶尔有点闲暇，张智娟又张罗着拜师学艺，学了西医学中医。她说："退休后，我还想继续给父老乡亲看病。"

村民对张智娟都很亲切。清晨去卫生室，一路都有村民跟她打招呼。

夫妻吵架、婆媳不和、邻里纠纷，不少人都愿意找她倾诉。村里的卫生室，也就成了矛盾调解室。有人问她有啥诀窍，她说："将心比心，换位思考，就能说到村民心坎里。"

守护乡亲健康30年，张智娟如今的期待很朴素：帮助年轻村医更好成长，村里村民健健康康。

（本报记者 杨文明 《人民日报》2024 年 04 月 30 日第 04 版）

# 爱岗敬业，做脚踏实地的奋斗者

习近平总书记指出："弘扬劳动最光荣、劳动最崇高、劳动最伟大、劳动最美丽的社会风尚""要大力弘扬劳模精神、劳动精神、工匠精神"。

"五一"国际劳动节前夕，本报记者回访了3位全国五一劳动奖章获得者，他们牢记习近平总书记殷切嘱托，立足岗位、争创一流，建功新时代，奋进新征程，为国家发展、社会进步作出应有贡献。

*虞向红——*

### 立足本职工作，热心公益事业

自从获得2023年全国五一劳动奖章后，国家电网浙江省电力有限公司东阳市供电公司吴宁供电所所长虞向红更忙了。

立足本职工作，虞向红是供电系统中拼搏进取的业务标兵。截至目前，他已主导研究解决22项配电难题，攻克53个技术难题，获得10项国家专利。

"前段时间，我们有个发明刚获得了国家专利。"虞向红口中的发明是一款专用于监测10千伏配网供电线路电气接头温度的新型螺帽测温装置。在东阳市寀卢村1200亩农田的一条机耕路旁，虞向红带领记者实地体验。

安装在线路上的测温装置仅有螺帽大小，登录监测平台后可实时查看线路电气接头温度数据，装置还具备过热预警功能，让线路设备过热问题能在第一时间得到处理，有效防止停电事件发生，保障春耕、秋收等农业生产用电。

"以往为了满足上千亩农田的电力需求，电力运维人员在线路巡检上花费大量时间。"虞向红说，新型螺帽测温装置的创新研制与应用，能将海量电力数据传输至后台云平台，为农田里电力设施的"无人化"巡检带来新变化。

不仅如此，虞向红还热心公益事业。2020年，虞向红成立了向红社会工作服务中心，热心助残、助老、助学。他通过参加公益项目，在四川巴中南江县为当地20户困难残疾人建新房、修旧房，并带领公益团队资助30名困难残疾学生及困难残疾人家庭子女完成学业。

2024年是浙江东阳市与四川巴中南江县结对开展东西部协作的第四个年头，向红社会工作服务中心与南江县残疾人联合会沟通协商后，邀请了南江县的5名视障人士到东阳接受为期3个月的推拿技能培训。

虞向红介绍，在东阳，盲人按摩师月工资在6000元左右，如果学成后愿意留在东阳，凭借自身努力可以得到不错收入，"对于残障人士而言，掌握一技之长，是融入社会、获得更有尊严生活的关键。"

获得全国五一劳动奖章后，虞向红深感自己肩上的担子更重了，对自己的要求也越来越高，"在本职工作上，我将以提升业务本领为己任，最大程度做到'不停电、用绿电'；在公益事业上，希望自己能帮助更多残障人士。"

### 熊朝永——

### 以森林为友，与大象为伴

趁着周末，2022年全国五一劳动奖章获得者、云南西双版纳国家级自然保护区管护局亚洲象保护管理中心工作人员熊朝永，回了趟西双版纳亚洲象救护与繁育中心。由他和同事照护多年的亚洲象正在野外进行适应性训练，他得去评估下大象的身体情况。

2023年，熊朝永从西双版纳野象谷景区有限公司转岗到西双版纳亚洲象保护管理中心。"大概有200多头亚洲象在西双版纳州活动，种群数量在增加，活动范围在变大。"熊朝永说，有的象群腼腆，都在保护区内活动；有的象群食性改变，喜欢到农田村庄。在亚洲象保护管理中心，熊朝永和同事一道，分析保护中的薄弱环节，加强野生亚洲象保护和管理力度。

"最重要的还是盯住亚洲象。"熊朝永说，西双版纳建立了亚洲象监测预警中心，野象活动到哪里，监测队伍就跟进到哪里。天上飞行的无人机，实时跟着大象，哪怕在夜晚，通过红外摄像头也能知道象群的动向。一旦大象走出保护区，监测队伍就全程跟踪；即将经过的村镇会早早接到预警，提醒村民注意避让。

"西双版纳的亚洲象知道人不会伤害它，早已不怕人，我们尽量提醒人们主动避让。"熊朝永最开心的，便是到学校开展科普讲座。"孩子喜欢听、学得快，还能回去提醒家长。"不管是上百人的大课堂，还是十几人的座谈会，只要有机会，他都会做科普教育。

"科普教育需要时间投入，但不能蛮干，得巧干。"熊朝永说，除了学校，他还将科普教育的重点放在了两类人员身上：一是护林员，他们遇到野生亚洲象的可能性最大；二是村干部，教会了他们，才能更好地提醒村民。

在熊朝永和同事们的共同努力下，野生亚洲象保护、管理力度持续加大。

虽然调到了亚洲象保护管理中心，但救护与繁育中心的事情熊朝永也没放下。"立足岗位保护好亚洲象是我的使命，也是我的心愿。"熊朝永说。

次仁措姆——

## 在高原快递行业挥洒汗水

西藏自治区拉萨市顺丰丰泰产业园内，占地1万多平方米的仓库里堆放着数千件大大小小的快递包裹。"西藏所有的顺丰包裹都会运送到这里，经过分拣再送达各地。"2023年全国五一劳动奖章获得者、西藏顺丰速运有限公司运作组组长次仁措姆告诉记者。

"注意，要戴好帽子，把长头发挽进去。""骑电瓶车要小心，一定要戴头盔！"2023年起，次仁措姆成了公司的安全督导员，负责企业的安全生产，每一个潜在的安全隐患她都不放过。

次仁措姆每个月组织开展4次安全培训、4次安全排查、10次安全宣导，把岗位上需要注意的点滴细节都给员工们讲深讲透，"岗位变了，看待工作的视角不同。我之前觉得安全督导员啰啰嗦嗦，直到转了岗，才真正理解'安全无小事'。"

"作为公司工会的人员，我也会尽己所能保护职工的权益。"次仁措姆说。作为公司里的老大姐，大家也都愿意和次仁措姆说一说知心话。

2010年，次仁措姆来到刚刚成立的西藏顺丰速运有限公司拉萨分部。10余年间，她做过快递员、仓管、运作员、代理负责人、中转场运作组组长。

"快递到万家，幸福到万家。作为一名雪域高原的快递从业者，我将继续做好本职工作，为建设美丽幸福西藏添砖加瓦。"次仁措姆说。

（本报记者 杨文明 窦瀚洋 徐驭尧《人民日报》2024年04月29日第04版）

青海省西宁市城西区西川南路消防救援站站长助理玛尼坚——

# 磨砺技能 守护平安

检查消防设备、划定假设区域……位于青海省西宁市力盟商业步行街的纺织品百货大楼内，一场消防演练紧张进行。随着警铃响起，西宁市城西区西川南路消防救援站站长助理玛尼坚迅速带领队员们探步前进……十几分钟后，"火情"成功处置。

"像这样的演练，我们每周至少进行两次。"入职 18 年，玛尼坚先后完成重大救援任务 900 余次，抢救遇险群众 1500 余人，完成重大消防安全任务 1000 余次，两次荣立个人三等功。

让同事们印象深刻的，不仅是玛尼坚的优秀，还有他的认真。"刚入职时，这名藏族青年还不会说普通话，为了更好理解班长讲解的业务技能、队列动作的要领，他每天挤出时间学习，对着录音机模仿发音，一字一句读报纸，一笔一画练写字。"回忆起玛尼坚入职以来的点点滴滴，城西区西川南路消防救援站站长张建胜深有感触，"经过一年多的努力，他不仅能说、会读、会写，业务理论知识水平也有很大提升，如今已是青海消防总队战训示教队的优秀教员。"

2010 年 4 月 14 日，青海玉树地震发生后，玛尼坚第一个向中队党支部请缨参加抗震救灾。他与战友们在高寒缺氧的环境中连续奋战 12 天，为 6 名被困人员挖出了生命通道。其间，玛尼坚的手指被裸露的钢筋划破，简单包扎后，他又投入救援。

玛尼坚所在的消防救援站，承担着 82.4 平方公里、6 个街道 1 个镇的消防安全工作。翻开前不久刚刚做完的全区消火栓设备普查表，玛尼坚说："辖区内商圈、居民区密集，有 744 栋高层建筑、239 家消防安全重点单位，这就要求我们的消防安全意识一刻也不能放松。"

这两年，玛尼坚和同事们还经常走进小区、走进校园，普及消防安全知识。"让更多人增强预防火灾的意识，掌握一定的灭火、火场逃生的方法，才能有效防范和化解重大安全事故的发生。"玛尼坚说，"大家平安是我最大的心愿，也是我永远的奋斗目标。"

（本报记者 贾丰丰 《人民日报》2023 年 05 月 03 日第 04 版）

中国船舶科学研究中心水下工程研究开发部主任杨申申——

# "我的梦想在深海"

1.6 米内径的大"玻璃球"内，坐着 3 名驾驶员，当他们在 1500 米深的水下航行时，就可以 360 度环视整个操作视野——这是新一代的"全通透载人潜水器"。中国船舶科学研究中心水下工程研究开发部主任、研究员杨申申在电脑上展示了科技感十足的概念图。

"2020 年，'奋斗者'号载人潜水器成功坐底马里亚纳海沟，我们到了世界上最深的地方。海洋的深度是有限的，应用领域和技术创新是无限的。下一步，就是将多年来攻克的深潜技术向水利水电类潜水器、观光类潜水器和打捞作业类潜水器等各个应用领域拓展。"杨申申目前正组织技术团队攻关的"全通透载人潜水器"关键技术，代表着下一代潜水器的重要发展方向。"随着新材料、新方法、人工智能等技术的发展，新概念的载人潜水器也应运而生。"杨申申说。

1981 年出生的杨申申，是"蛟龙"号、"深海勇士"号、"奋斗者"号 3 台大国重器的重要研发成员。从 2005 年大学毕业至今，18 年间，他一直和潜水器打交道，是一名资深的深海科技工作者。2009 年，"蛟龙"号开始海试的时候，杨申申还是一名正在逐步熟悉深海装备的年轻人。面对当时较为薄弱的技术基础，他刻苦钻研大深度载人潜水器的关键技术，一次次不断尝试，有时调整方案从头再来。到 2017 年"深海勇士"号投用时，他已先后攻克了深海锂电池技术、液压技术、照明技术、推进技术等多项关键技术，助力我国深海技术发展和关键设备的自主可控。2020年，"奋斗者"号载人潜水器前往试验海区的航行途中，母船遭遇了多个台风。担任海试现场临时党委副书记的杨申申带领临时党委成员，群策群力排除了故障，为下潜顺利开展打下基础、争取了时间。

眼下，国内首次运用有机玻璃制作载人球的大深度"全通透载人潜水器"，正面临着总体设计、计算方法、加工工艺等技术难题，成为杨申申和同事们面对的全新挑战。杨申申介绍，目前技术团队正在对技术方案进行讨论和优化。

从我国载人潜水器实现零的突破的"蛟龙"号，到由集成创新迈向自主创新的"深海勇士"号，再到关键部件国产化率超过96.5%的"奋斗者"号，以及应用场景更为广阔的下一代"全通透载人潜水器"，一代代载人潜水器实现了从跟跑到并跑到领跑的过程，也见证着一代代科技工作者的不断成长。

"我的梦想在深海。"如今已成为我国载人潜水器机电一体化领域学科带头人的杨申申说，自己的科研方向能够跟国之重器连接在一起，感到非常幸运，也将为之奋斗一生。

（本报记者 姚雪青 《人民日报》2023年05月02日第04版）

辽宁北方华丰特种化工有限公司火工品技术研究所正高级工程师孙晓霞——

# 立足本职 廿载"续火"

2008年5月8日，奥运火炬首次在珠穆朗玛峰峰顶燃起，这一时刻被永载奥运史册。对于在电视机前观看的孙晓霞来说，除了兴奋，还有成就感。

作为中国兵器工业集团有限公司北方特种能源集团有限公司辽宁北方华丰特种化工有限公司火工品技术研究所正高级工程师，回想起当年参与研制奥运珠峰固体火炬的场景，孙晓霞仍然历历在目。珠峰峰顶低温、缺氧、风速大，孙晓霞和同事们需要研制出一种火工药剂，不仅让火焰能在恶劣条件下稳定燃烧，还要保证火焰飘逸美观、燃烧后无污染。

"不同的原材料组合，相同组合的不同配比……一年多的研发过程中，我们调整了近百种药剂配方。"孙晓霞回忆。当时时间紧任务重，为了保证药剂操作安全和按时交付，她白天装配药剂，晚上整理数据。

与火打交道，就是孙晓霞每天的工作。火工品是装有火药或炸药，受外界刺激后产生燃烧或爆炸，以引燃火药、引爆炸药或做机械功的一次性使用的元器件和装置的总称，在国防军事、航空航天等领域应用广泛。

打开孙晓霞的文件柜，半个柜子装的都是各项科技攻关的手写笔记。工作20多年来，这样的手写笔记孙晓霞攒了厚厚的20余本。翻开笔记本，里面记录着各种工艺参数、试验条件、改进思路。

"火工品的安全性、可靠性直接影响装备整体的稳定性，这就要求我们必须关注到每一个细节。"孙晓霞说。

孙晓霞最长的一次科研持续了 10 余年。那期间，孙晓霞带领团队开展技术攻关，光资料就写了上千页。

"科研中遇到问题就会装在脑子里，忍不住一直想，白天想还不够，连晚上做梦都在演算，直到问题解决。"孙晓霞说。20 多年来，孙晓霞先后完成 10 余项国家重点型号项目火工品研制、30 余项火工品关键技术攻关；27 项国防发明专利得到授权或受理。2023 年，孙晓霞荣获全国五一劳动奖章。

现在，孙晓霞手中同时进行的科研项目有十几个，每年要完成的试验多达上千次。"我们要立足本职工作，加快打造火工品原创技术策源地！"孙晓霞说。

（本报记者 胡婧怡 《人民日报》2023 年 05 月 01 日第 04 版）

中铁山桥集团有限公司桥梁分公司焊接特级技师张明——

# 精研技艺 永不止步

弧光闪烁，焊花飞舞。早上 8 点，中铁山桥集团有限公司桥梁分公司焊接车间便热闹了起来。在这里，多个工区近百名工人同时作业，承担着桥梁钢结构的焊接工作。

第三工区内，巨大的工字钢构件前，头戴焊帽、手握焊枪，特级技师张明正屏气凝神将焊丝深入主梁腹板与盖板的接缝中，开始熔透焊接。桥梁钢构件巨大，焊缝狭长，张明常常一焊就是几个小时。从 18 岁进入公司，如今张明已从事焊接工作 16 年。

从平焊到立焊，从结构焊到熔透焊，工作之余，张明时常加班练习。"选择了这一行，就要用心做到最好。"老师曲岩的这句教诲，张明始终牢记在心。

哪里有困难就往哪里钻。2012 年，中铁山桥承接了国外的一个大桥钢桥面制造项目。项目制造标准严格，要求桥面 U 型肋单道焊接熔深达到 80% 以上，且平角位单道焊一次成型。这在当时没有先例，公司开展专项试验，张明主动请缨，参与试验。

如何达到高熔深要求，又能确保不会焊漏？经过钻研，张明找到了办法：调整焊接参数与加工精度。一伏一伏地调整焊机电压，一次一次地调整焊接速度……终于，张明带领技术团队攻克了这一技术难关，摸索形成了 U 型肋单道对称焊接一次成型工艺，确保了制造任务的顺利完成。

工作中，张明有一股不服输的劲儿。参与建设孟加拉帕德玛大桥时，张明和同事需要在宽仅 370 毫米的箱体内完成两块超厚钢板对接缝的焊接。箱体狭小，施工难度极大；超厚钢板厚度达到 110 毫米。一开始，张明拿着焊枪在闷热的箱体里一蹲就是大半天。几天下来，他发现这样焊接，焊缝检测合格率不到一半。

为了破解超厚板材狭小空间开双坡口这一难题，张明利用下班时间查阅资料、开展实验，反复研究。在一次次失败中，他不断总结经验，最终决定将双坡口改为单坡口，通过背面加钢衬垫熔透焊接，变箱体内焊接为箱体外焊接，既解决了空间狭小不易操作的问题，又将焊缝检测合格率提升到 99.5% 以上。

精研技艺，永不止步。前不久，张明又花了 4 个月的时间，将龙门埋弧自动焊机由单丝改为双丝，突破了双丝埋弧焊技术，将工字钢构件的焊接工序由两道减少为一道，效率提高了一倍。

16 年来，凭借着扎实的理论知识和高超的焊接技能，年仅 34 岁的张明破解了多项海内外重点桥梁工程的生产技术难题。"荣誉既是肯定，更是鼓励。我将继续精研技艺，让世界看到中国的制造技术。"张明说。

（本报记者 邵玉姿 《人民日报》2023 年 04 月 30 日第 04 版）

中国科学院计算技术研究所研究员陈云霁——

# 让计算机更聪明

见到中国科学院计算技术研究所研究员陈云霁时，他正忙着编程序，办公桌旁是一张折叠床，侧面墙壁的白板上写满了各种结构图。"最近一个科研项目要收尾，一直在忙。"他笑着说："不过也不觉得累，把做研究当成兴趣了。"

2002年，陈云霁进入中科院计算技术研究所，跟随胡伟武研究员开始硕博连读，成为当时龙芯研发团队中最年轻的成员。博士毕业后，陈云霁留在了计算技术研究所。2008年，25岁的陈云霁成为8核龙芯3号的主要架构师。龙芯3号与龙芯1号、2号有所不同，已从单核发展到多核了。陈云霁打了个比方："以前一桌菜给一桌客人吃，现在一桌菜要给8桌客人吃。"为此，陈云霁和同事们查阅了大量论文，边干边摸索，解决了一系列关键难题。

陈天石是陈云霁的弟弟，本科也毕业于中国科学技术大学少年班，研究方向是人工智能算法。一个做硬件、一个做软件，兄弟俩决定联手做人工智能和芯片设计的交叉研究。这源于他们年少时的一个想法——让计算机更聪明。他们先后提出一系列基于人工智能方法的处理器研发技术。

"做基础研究，很多时候可能不知道该往哪里走。"回忆起那段时光，陈云霁感触很深，"困难一个接着一个，但问题解决之后的喜悦是常人无法体会的。"2014年，他们研制的国际上首个深度学习处理器芯片与电脑主板成功连接，能效达传统芯片的近百倍，成功实现预期目标。陈云霁喜出望外，"踏踏实实睡了一觉，然后又开始下一个迭代。"

陈云霁团队把研制的深度学习处理器芯片命名为"寒武纪"，希望能开启人工智能的新纪元。历时 10 余年，深度学习处理器芯片已经应用在数千万台智能终端上，涉及智能手机、可穿戴设备、无人机和智能驾驶等多种场景。相关技术获国家自然科学奖二等奖。

除了研发强大的人工智能处理器，陈云霁尤为看重人工智能时代的生态布局。"开发芯片的同时，我们提出了一种与通用计算完全不同的指令集。"陈云霁解释，指令集就是电脑硬件与软件之间互相"对话"的语言，是构筑信息产业生态的基础之一。

中国青年五四奖章、全国创新争先奖……近年来，陈云霁获得各种荣誉，但他丝毫不敢松懈："芯片研发是一个日新月异的领域，我们有先发优势，但必须加倍努力，才能引领国际智能芯片的发展。"

（本报记者 施芳 《人民日报》2022 年 05 月 03 日第 04 版）

中国宝武马钢交材车轮车轴厂生产协调员沈飞——

# 不断钻研，才能做到专业

这阵子，中国宝武马钢交材车轮车轴厂生产协调员沈飞非常忙碌。"最近接了一个弹性车轮项目，正抓紧时间列清单、备刀具，检查工艺装备。"身穿蓝色工装，戴上安全帽，沈飞一边调试机床参数一边说。

1995 年，年仅 17 岁的沈飞进入马钢工作，从炼铁厂机修车间的一名普通车工干起。如今，他已成长为车轮车轴厂的数控加工高级技师，爱琢磨、肯钻研、敢创新，获得了全国五一劳动奖章。

"一进厂就和金属材料打交道，从事机械零部件生产。没料想，普通车床刚上手，我又成了数控车床的操作工人。"沈飞回忆，车轮数控加工得会编程，自己却是个门外汉。

拼命学，努力赶。白天干活，沈飞跟在经验丰富的同事后头，用心观察；晚上回家，捧起编程的书，读到深夜；休息时间，他还在马钢职工大学学习……沈飞说，这个行业涉及的学科不少，从加工工艺到测量技术，从材料性能到切削刀具，只有不断钻研，才能做到专业。

2016 年，在他的带领下，团队攻克了国产时速 350 公里"复兴号"高铁车轮机加工难题。

高铁运行时，要在高速行驶状态下保持平稳，车轮动平衡十分关键。面对 15 克每米的动平衡目标数值，沈飞团队一开始犯了难："影响因素太多，做好机械加工不一定就能实现。可当技术部门把这个数值转化成 0.03

毫米以内的加工误差后，我们想着一定要试试看。"

于是，沈飞一头扎进车间，一次次尝试，一点点摸索，终于达成目标。可没高兴多久，动平衡检测结果不太稳定的消息传来。立即寻找原因，排查影响因素。历经近 3 个月的高强度验证，问题得以解决。这次成功，促进了国产化高铁车轮批量生产。

在沈飞看来，作为一线工人，除了迎难而上，还得多思考、敢创新。在提升技艺的同时，努力将技术部门的创新设计变成产品。

近 5 年来，沈飞取得 27 项创新成果。攻克一个又一个技术难关的他，还给工人们开展技能培训，培养出了一名数控高级技师、数十名数控技师。"干一行、爱一行，钻一行、精一行。"沈飞笑着说："脚踏实地、精雕细琢，咱也能为车轮行业发展出份力！"

（本报记者 游仪 《人民日报》2022 年 05 月 02 日第 04 版）

中国航天科技集团第六研究院西安航天发动机有限公司高级技师何小虎——

# 将平凡工作干到极致

不久前，神舟十三号乘组顺利"回家"，何小虎看着直播画面难掩激动："身为航天人，我为这一刻骄傲不已！"

在中国航天科技集团第六研究院西安航天发动机有限公司，高级技师何小虎被称为火箭心脏"钻刻师"——发动机相当于火箭的"心脏"，他的工作是加工发动机涡轮泵等关键部件，"必须精确雕刻，万无一失"。

从陕北农家后生到航天工匠，一路走来，何小虎全凭一股拼劲儿。

2010年大学毕业，何小虎入职梦想已久的第六研究院。初来乍到，他便被老师傅曹化桥的绝活所震惊：在直径一尺多的部件上，可钻出2000多个不同的小孔，最小的直径仅 0.12 毫米。

学徒学艺，如饥似渴。每天机械加工，钻、削、锉、磨，有时一个动作重复几百遍，何小虎从不喊累。

2016年，公司接到某型号液体火箭发动机关键零件的加工任务，精度要求极高。经过几番尝试，仅20%的加工合格率，严重制约产品的交付进度。"能否让我尝试一下？"何小虎自告奋勇。接下来的半个月里，他一直琢磨，有时晚上也梦到方案。功夫不负有心人。何小虎提出了"极限加工稳定性控制法""首件标定参数法"等新概念，改变了原来加工的思路和方法。第一批产品试加工，合格率升至100%，效率提升了4倍。很快，新概念也引入了其他精密加工任务中，每年可节省成本上百万元。

"在非精密环境中，也能达到精密加工的效果。"何小虎创造出"微小孔高效加工法""以车代铣，以车代磨"等一批技术方法，共攻关解决75项技术难题。

多年坚守生产一线，何小虎获得多项荣誉，但他最引以为傲的是参与"嫦娥"奔月、"天问"探火、"羲和"逐日、空间站建设等一系列任务："用百分之百的努力，为航天任务贡献点滴力量。"

如今，36岁的何小虎已成为公司里最年轻的技协导师。他的徒弟很多都是95后、00后。何小虎常和大家说，零件上的小毛刺，即使眼睛都看不到，也必须清理干净，要不然可能会造成严重的后果。"航天人有句警示，成功是差一点点的失败，失败是差一点点的成功。"何小虎说。

多年来，何小虎正是这样要求自己：静心、磨砺、沉潜。采访中，他一直强调自己只是一名普通的数控车工："那么多默默无闻的航天人都在坚守，我只是努力把平凡工作干到极致。"

（本报记者 高炳 《人民日报》2022年05月01日第04版）

东北轻合金有限责任公司特级技师贾春成——

# 精益求精 熔铸匠心

春日里的黑龙江哈尔滨寒意犹存，东北轻合金有限责任公司熔铸厂房内却热浪滚滚。在这里，多条生产线正紧锣密鼓同步作业，承载着我国航空航天重大专项和重大工程材料的保供任务。

同往日一样，特级技师贾春成不到 7 点就来到厂房，伴随着机器的轰鸣声，他一边细心查看生产线上的各个环节，一边大声嘱咐着工友们注意事项，没过多久，成串汗珠淌了下来。

铸造工，工作环境恶劣、难度大、强度高，但从 1996 年进厂至今，贾春成一干就是 26 年。

贾春成的父亲贾殿臣是东轻厂的锻压工人，在锻压过程中，他发现受技术水平限制，产品合格率总是不高，便对儿子说："你要好好干，把熔铸技术搞上去，争取做个为国家争光的人。"在后来的工作之中，贾春成越来越感受到这句话的分量。

为了攻关铝合金熔铸技术，贾春成和同事们反复试验、不断摸索。试铸的过程是枯燥的，一段时间里，贾春成或是不分昼夜地奋战在铸造机台前，或是与攻关组进行技术研究，一遍又一遍做着试验。

最长一次，贾春成连续工作 36 小时。做试验的时候，他好像不觉得困了，一心就想着怎么才能成功，等出了厂房，才感到一阵眩晕。在休息室睡了 2 小时后，他又出现在生产现场。

　　1米、2米、3.5米……成功了！在不知经历了多少次不同长度的失败之后，高强高韧铝合金铸锭成型，终于实现了"坚不可摧"。贾春成带领团队成功试铸了铝合金超大规格铸锭，填补了国内在此合金铸造上的空白。

　　在工作中，贾春成勤于思考。在向工友们介绍经验时，他发现了问题："熔铸是铝加工的核心技术，在生产流程中至关重要，但很多工人会按照自己的习惯去生产，稍有偏差便会产出废品，导致成品率总是上不去。"

　　怎样才能提高生产效率？思来想去，贾春成有了主意：把生产过程中每个环节逐一梳理，以通俗易懂的语言，形成现场铸造操作手册，并对重点影响产品质量的关键步骤进行标注说明。针对不同规格的产品，贾春成编写出18份作业指导书。这些作业指导书的出现，统一了操作标准，既减轻了劳动强度，又保证了产品质量。

　　2016年，以贾春成命名的劳模创新工作室成立了。"劳模创新工作室就像是一个孵化器，我们在这里开展一系列合金的工艺研究、解决一项项困扰行业发展的铝合金熔铸缺陷、攻克了铸造成型难的瓶颈，目前已完成创新项目14项，创造经济效益380余万元，申请国家专利1项，成功解决了高强高韧铝合金的成型问题，并在产品质量和性能上又进一步取得突破，达到了国际先进水平。"提起工作室，贾春成十分自豪。

　　"这些年，每当看到'神舟''嫦娥'等成功上天，我的内心都感到无比自豪，我国航空航天系列工程所用新材料的研发生产，其中也有我的努力。"贾春成说，"所获荣誉只是对我的鼓励，我将继续坚持精益求精，为祖国铸造'坚不可摧'的合金。"

　　　　　　　　（本报记者　方圆　《人民日报》2022年04月30日第04版）

贵州钢绳（集团）有限公司二分厂技术员、高级技师周家荣——

# 匠心有传承 钢丝拧成绳

少则几十根，多则上百根，细如发丝的钢丝，如何做成一根钢丝绳？每根钢丝绳的强度、韧性、使用寿命该如何精准控制？从一窍不通的门外汉到自学成才的行业专家，52岁的贵州钢绳（集团）有限公司二分厂技术员、高级技师周家荣，已经和钢丝绳较了30多年的劲。

初中毕业后，周家荣做过泥匠，挑过沙石，卖过大米，19岁那年进入贵州钢绳（集团）有限责任公司二分厂钢丝绳制造车间上班。进厂后，周家荣勤奋好学、善于钻研，一有机会就站在老师傅身后，观察他们的操作，学习规范化动作。周家荣负责股绳工序，要把几十根钢丝组合、排列到一块儿，还得讲究粗细搭配，每层都不一样，一旦出错，生产出来的钢丝绳就报废了。工作难度不小，但细心的周家荣从未出过岔子。

因为表现突出，工作刚满4个月，周家荣便在同批职工中最先独立上机操作，晋升为一线青年技术骨干。"有机会，我还会向工程技术人员请教钢丝绳接触面、破断拉力等理论知识。"在他看来，只有弄懂理论，再加上实际摸索，才能实现创新创造。

后来公司准备研发压实股钢丝绳，任务落到了周家荣身上。"之前的钢丝绳，在跟滑轮接触时，受力点少，接触面小，磨损快，寿命短。"周家荣说，要改变这些属性，难度着实不小。"钢丝之间直径和长度不同，张力有大有小，只能靠排列组合改变钢丝绳的特性。组合好钢丝，还得选择合适的模具进行定型，避免钢丝交叉乱套。"没有捷径可走，周家荣只能凭多年积攒的经验手动调试，前后用了一个多月才攻克技术难点。由于操作技术精湛，周家荣先后参与神舟号飞船用钢丝绳、"辽宁号"航空母舰用钢丝绳、卫星用钢丝绳等研发生产，参与修订了30多项国家标准、行业标准。

工匠精神，贵在传承。从工作第二年起，周家荣便开始带徒弟，他说："光我一个人有技术哪行？懂技术的越多，咱们国家做钢丝绳的底气才越足！"2013年他创办技能大师工作室，并展理论培训、实操演练等课程。30多年时间，他已带出近百名徒弟，有36人得过省部级、行业、公司技能比赛表彰。"干一行，爱一行，专一行，只有全身心投入，人生才能出彩。"在2020年公司新进员工的第一堂课上，周家荣这样说。

（本报记者 苏滨 《人民日报》2020年12月11日第06版）

广西汽车集团有限公司装备制造技师郑志明——

# 冲在前头 干在实处

　　机器手臂活动范围超出标准，客户要求两周内交付产品，咋办？"时间这么紧，我们做不了，你们更是做不了。"有外企工程师断言。广西汽车集团有限公司装备制造技师、高级技师郑志明却说："哪怕加班加点连轴转，也要攻破技术难题！"

　　连夜组织人员研究技术难点，数百次反复模拟试验，郑志明和他的团队啃下了硬骨头，及时完成了订单。"干好一件事，要有攻坚克难的毅力和追求卓越的志向。"郑志明说。

　　43岁的郑志明在单位是一名经验丰富的"老师傅"。车工、钳工、铣工、磨工、数控，他样样都会，甚至还练就了一手绝活：手工锉削平面，可将零件尺寸控制在0.005毫米以内；手工画线钻孔，孔的位置度误差能控制在0.05毫米以内，相当于一根头发丝粗细的1/2。如此技艺，与郑志明的兴趣和勤奋分不开。郑志明小时候活泼好动，喜欢组装小玩具；参加工作后，他虚心求教，勤奋刻苦。与郑志明相熟的同事说："那小子有股拼劲，别人口中的难事，在他看来全是乐事。"

　　前段时间，一些口罩生产线的耳带焊接工序不过关。郑志明主动请缨，负责生产线改良工作，将耳带焊接工序纳入自动化技术研究，使得单条口罩生产线日产量从2.5万只提升至6万只。郑志明说："凡事要冲在前头，更要干在实处。"

多年来，郑志明收获了不少成果：他带领团队自主研制完成 515 项工艺装备，交付使用 1236 套工艺和工程设备；他参与设计制造的涂装、焊接、装配等各类先进的自动化生产线超 10 条，为企业创造直接经济收益高达 6002.95 万元；由他自主设计制造的各种工艺装备，每年可为公司节省成本超过 1000 万元。

独木不成林，一花不是春。这些年，郑志明还悉心辅导青年员工，为公司培养了一批高素质技能人才。2018 年至 2019 年，他辅导的青年员工中有 14 人次在省部级技能大赛中获奖，5 人次在国家级技能大赛中获奖。郑志明说："作为新时代的产业工人，我们就是要有理想守信念、懂技术会创新。"

（本报记者 张云河 《人民日报》2020 年 12 月 04 日第 12 版）

中国电子科技集团公司首席专家孙晨华——

# 从不气馁 永不放弃

我们常用"通天彻地""一网通天下"等词语来形容卫星通信的高效快捷。如何打破国外技术垄断,缩小"起跑线"上的差距?中国电子科技集团公司首席专家、第五十四研究所副总工程师孙晨华告诉记者:"知道差距从不气馁,面对困难永不放弃。"

巾帼不让须眉,工作 30 多年,孙晨华一直从事卫星通信、天地通信网络融合方向的系统设计与研发。她主持了国家多项首个"零突破"和"跨代标志"的领域重点项目,深度参与我国宽带、移动、抗干扰卫星通信全体系研制建设,是我国卫星通信领域以及天地网络融合方向的带头人之一。

来到五十四所工作后,孙晨华首先承担了我国第一个 CDMA 卫星通信系统和第一个战术移动卫星通信系统任务。那时,先进技术被国外垄断封锁。全部依靠自主研发的 CDMA、战术移动卫星通信系统,都面临重重困难,前后经历近 10 年的努力攻关。她曾在怀孕 8 个月时整整站了一个通宵来解决联试中的问题,也曾在生完孩子 6 个月就回到工作岗位,还曾在孩子不到一岁时就连续出差 40 多天……多年努力,孙晨华和她的课题组突破了众多关键技术,还培养了"专业部"自主研发团队。

问起身边人对孙晨华的评价,总是集中在以下几个词:敬业、吃苦、有责任心。多年来,孙晨华已经养成了习惯:24 时之前,她几乎没睡过觉;早晨不到 7 时,她常常已坐在办公室;即便周六周日,她也是在工作。"算起来自己这些年加的班，相当于又多工作了30年。"孙晨华调侃地说，"很多人不理解我为什么这么拼命。其实，不是我不想歇着，不是我不想放慢脚步，是因为我不能。开拓一个专业方向，需要很多人为之付出很多努力，但是，丢掉一个方向，也许只是一个瞬间。科研人员只有能吃苦、耐得住寂寞，才能干出一番新天地。"

2019年，孙晨华负责的我国首个星地一体IP路由系统完成高轨在轨双星组网试验，她主持的天象试验1星、2星系统，搭载海上发射成功，节省50%链路开销、节约80%星上计算存储资源、适应低轨高动态场景的自主网络协议，解决了行业共同关注的重大技术问题。

这些年，孙晨华身边的同事从"60后""70后"逐步发展到"90后"，但团队里艰苦奋斗、勇往直前的精气神没有变。在孙晨华的严格要求和身体力行下，她的团队走出了中国青年五四奖章获得者、全国优秀博士后、全国岗位能手、国家重大项目总工程师等人才。"我感到很幸运，遇见了非常出色的团队成员，他们执着专注、追求卓越。"孙晨华说。

（本报记者 张腾扬 《人民日报》2020年11月27日第11版）

江苏省电力公司无锡供电分公司何光华——

# 执着创新 勇于突破

走进江苏省电力有限公司无锡供电分公司的作业现场，在几乎清一色的男子汉队伍中，一位女职工颇为显眼：短发、工装，气质干练，手里时常捧着图纸，她就是荣获国家科技进步二等奖的电力电缆高级技师何光华。

2000 年，何光华从河海大学电气工程及自动化专业毕业，进入无锡供电公司变电检修工区电气试验班工作。刚一入职，班长就对她说："要想在电力行业站稳脚跟，就要敢于吃苦、善于学习和创新，成为文武双全的人才。"这句话何光华记在心里，落实在行动中，她自学电缆、线路等专业知识，在电缆作业现场反复实操，技术水平得到了快速提升。

电缆施工是一份很辛苦的工作，施工者蹲在隧道里接电缆一蹲就是七八个小时，腰肌劳损成了常见的职业病。爱动脑筋的何光华经常思考如何才能更省时省力地将电缆敷设到位。经过一番研究和尝试，她牵头研制的手动液压升降平台和"几字形"牵引敷设法诞生，电缆安装效率大幅提升。

"创新是提高工作效率的好办法。"何光华说，在生产一线可以发现很多有待改善的问题，勇于突破固有思维开展创新创造，才能更快地成长为行业能手。

高压电缆线路是世界各大城市的"电力主动脉"，其安全、可靠、稳定关乎国计民生。何光华在工作中发现，因电缆接头导致的各类故障时有发生，于是，她大胆提出了电缆高落差无接头敷设。搜集各类数据、反复模拟实验、研制配套工器具，8 年的时间里，何光华目标坚定、攻坚克难，最终实现了高落差高压电缆由分段再接向整段敷设的重大变革，极大地推动了国内电缆施工领域的技术进步。

从事电力电缆施工及运维工作 20 年来，何光华累计获得国家专利 50 余项，多项科技创新成果达到国际领先水平，先后被授予全国五一劳动奖章、全国五一巾帼标兵、江苏省五一创新能手等奖项和荣誉。

2011 年，以"立足实际难点，开展主动创新"为使命的"何光华劳模创新工作室"成立。工作室针对电缆施工、运检领域的空白，先后完成 50 余项职工创新攻关。何光华说："每次获奖都是一个新的起点，我将立足岗位再出发，用心学习、持续创新，为电力行业贡献更大的力量。"

近年来，何光华积极总结多年来的创新技术经验，编制了《高压电力电缆高落差敷设技术》等技能培训教材，建立跨专业联合攻关团队，培养了 10 多名青年专家，建立了复合型专业梯队。"接下来，我们主要想从数据化运维管理、带电作业和电力预警系统等新技术应用方面进行突破和创新。我希望倾尽全力为经济社会发展贡献更多力量。"何光华说。

（本报记者 易舒冉 《人民日报》2020 年 11 月 26 日第 04 版）

# 麻建军：认真做好每件事

"我没有什么卓著的功绩，就是 29 年来认真做好每件事。" 48 岁的宝鸡机床集团有限公司数控一车间数控车试车工麻建军，先后参与完成中高档数控机床和重点新产品开发试制 30 多项，完成 "交钥匙" 重点工程和国家重大专项任务 50 多次，取得技术创新成果 20 多项，连续 16 年被授予 "厂级质量信得过个人" 称号。

宝鸡技工学校毕业的麻建军，1994 年被分配到宝鸡机床集团有限公司做车床操作工，仅有大专文化程度的他，面对一台台高精尖加工设备，感到前所未有的压力。"有过迷茫、有过退缩，但心里不服输，就鼓足勇气从头学起……" 麻建军说。

厂里购买的数控机床，会操作的人不多。"下夜班后，操作数控机床的人也下班了，我们就到数控机床车间，对照操作说明自学，不知不觉中就学到天亮……" 工艺、编程、电气和刀具是数控机床加工技术的关键。麻建军利用自己车工技术方面的良好基础，在学中干、干中学。几年下来，先后自学了 20 多本专业书籍，对各类数控机床的加工原理、内部结构、工艺路线、编程方法都熟记于心。如今，他对发那科、广数、KND、西门子、华中等数控系统应用自如。

2015 年，重庆一家公司重点合同交货在即。时间紧迫，但技术要求高、加工难度大，公司上下十分焦急……"当时重庆的用户定了我们 14 台机床，如果不及时到位调试，会影响他们生产。我对工序有经验，单位派我去解决。"麻建军说，每天十几个小时、连续30多天"钉"在现场，对每台设备仔细研究、反复琢磨，终于拿出了加工工艺路线，编好了程序。

"零件的精度不断提高，机床结构不断调整，如果平时不注重学习、跟进工艺的革新，就很难完成工作。"麻建军道出了连续多年产品交检合格率100%的"秘笈"。

麻建军刚进厂的时候，有一次加工零件，因为材料比较软，车刀在去除多余材料的过程中，车出的铁屑不像平时一样断成一截一截的，而是形成长长的丝带。铁屑温度能达到五六百摄氏度，对零件加工表面质量会有影响。"这个问题开始我解决不了，最后通过向师傅请教，把切屑深度进行了调整，问题迎刃而解。"麻建军现在也开始传帮带了，30多名徒弟都成了公司技术骨干。在传授"绝活"的同时，他更传递一种态度：少考虑个人得失，多考虑他人需求，遇见难活急活，积极主动努力完成。

麻建军认为，爱岗敬业、精益求精，认真干好每件事情，就是工匠精神。他对自己要求很高，工艺要求0.01毫米，他就努力做到0.005毫米。"目前，国产高端机床与国外相比还有差距，一项一项攻克，准能缩短差距，实现反超。"

（本报记者 张丹华 《人民日报》2018年05月03日第06版）

# 黄险波 磨出来的"材料魔术师"

走进位于广州开发区的金发科技馆，面对琳琅满目的畅销产品，黄险波如数家珍。20 年来，黄险波带领他的技术团队攻坚克难、一路前行，为金发科技成为全球领先的改性塑料新材料企业奠定了坚实的技术基础。2017 年，公司销售收入达到 231 亿元。

黄险波直言金发科技的发展得益于不懈奋斗、创新引领。他 1997 年从北京理工大学博士毕业后加入金发科技，从普通技术员做起，长期致力于热塑性聚合物的高性能化、功能化研究及产业化工程技术开发，如今已是金发科技股份有限公司首席科学家、塑料改性与加工国家工程实验室主任。

"科学有险阻，苦战能过关。"凭着这股信念，黄险波带领金发科技赢得发展先机。创业之初，公司的一项产品要经过广东江门客户的现场验证，黄险波一天之内两次往返广州、江门，测试、制订方案，顺利通过客户的验证。转型升级的关键时刻，他和团队"5+2""白＋黑"，提出"以水为介质固相悬浮聚合"的方案，在全球范围内率先建成万吨级聚合装置及共混改性生产线，打破了国外产品的垄断局面。

"我们这一代人，都是拿着国家的助学金、奖学金完成学业的，国家有需求，我们责无旁贷。"说这话时，黄险波眼睛湿润。

1998 年，金发科技开始在国际新材料市场崭露头角，一家国际知名化工集团很快提出以 6000 万美元整体收购的方案。当时，高性能新材料作为国家战略性装备材料，正受到国外势力的打压。金发科技董事长袁志敏带领全体董事会毅然拒绝，并确立了"创世界品牌，建百年金发"的宏伟愿景。这深深触动了刚加入金发的黄险波。

黄险波说，自己的心愿很大，想要振兴民族新材料产业，最终实现中华民族的伟大复兴；自己的心愿也很小，想让更便宜更先进的材料飞入寻常百姓家。他先后主持研发了100多种产品：汽车塑料材料，连续10多年占据汽车塑料材料市场第一位；无卤阻燃工程塑料，进入全球著名手机品牌的供应链体系；"以塑代钢"材料，用于重型机械上的"液压活塞"，减重一半以上；木塑材料，应用于北京奥运会场馆、广州亚运会场馆、里约奥运会手球馆等工程领域……

黄险波的家离办公室不到20米。为了节省时间，他干脆连吃住都搬到了办公室。"企业的竞争就是人才的竞争。要培养新人，我必须在一线，了解每个项目的进展。"黄险波希望在他的带动和激励下，更多的年轻技术人员可以快速成长。

"一个人能力再强，只有在团队中找到合适的位置，才能发挥好作用，所以要注重依靠体系和平台来实现创新引领。站在前辈的肩上，才能站得更高、看得更远。"工作以外，黄险波经常跟团队成员谈心，公司还成立了一个"创新领军人才引进办公室"。

"幸福都是奋斗出来的，实现中国梦，金发要贡献一份力量！"黄险波说。

（本报记者　罗艾桦　《人民日报》2018年05月02日第04版）

# 碧空追梦人 丹心报国志

## ——记上海飞机制造有限公司 C919 事业部总装车间

这是一群平均年龄仅 30 岁的追梦人。为了共同的目标和信念，他们日夜拼搏，顶举起大飞机翱翔蓝天的梦想和荣耀，印证了航空报国的热血和忠心。

### 大飞机制造

### 国家实力的象征

1978 年，18 岁的孟见新进入由原上海飞机制造厂开办的技校。毕业后他来到上海飞机制造厂部件装配车间，参与我国自行研制的第一架民用客机"运十"的制造。2014 年 6 月，中国商飞上海飞机制造有限公司祝桥总装制造基地投入使用，孟见新与团队开始了国产大飞机 C919 的总装制造。

一架 C919 大型客机，有 724 根线缆、2328 根导管、总长近 80 公里的管线，零部件总数达 250 万个。2015 年 11 月 2 日，C919 大型客机首架机在浦东基地正式总装下线。2016 年 12 月 25 日，C919 飞机首架机交付试飞中心。"C919 的成功问世，不只是制造了一架大飞机那么简单，更是国家实力的象征。"孟见新说。

C919 项目几乎是从一无所有开始，制造标准、工艺等很多内容需要重新摸索。"比如 C919 机身采用大量的先进复合材料、先进的铝锂合金等，需要形成自己的组装标准。"孟见新说，总装不是简单地把零件拼起来那么简单，许多部件精度非常高，如果没有成熟的集成能力，有再好的零件也装不出达到要求的大飞机。

在浦东总装基地，孟见新和团队已经构建起了一条成熟的生产线。

## 关键工艺技术
### 依靠自主闯难关

C919 全机长 38.9 米，这样一个庞然大物需组装百万个零部件，打上百万个孔，装配工作的每一个微小偏差都会造成产品质量的大问题。

2015 年 9 月初，随着第二台发动机的顺利交付，发动机吊装工作成为 C919 下线前的关键一步。"别看把发动机从运输车上吊起至机翼吊挂位置的距离不到 1 米，但我们足足用了 3 个昼夜。"总装车间的机械装配班组长王儒俊说。

总装车间工艺员彭锐与爱人都奋战在总装现场，白天沟通梳理发动机安装流程，晚上指导现场吊装，1 个多月没回家。

发动机安装工作是飞机装配过程中的重大节点性任务，将 3 吨多重的"心脏"固定在飞机吊挂上，不仅需要考虑飞机的姿态、重心，还要考虑到系统装配、结构装配、发动机供应商装配完成情况。作为 C919 总装制造 IPT 团队的一员，彭锐负责发动机安装方面的工艺工作。开工前需要进行评审，彭锐抓紧每分每秒，在发动机安装前完成一系列准备工作。

"发动机安装是个大工程，考虑到人员以及产品的安全，这项工作通常都安排在晚上或周末、人员较少的时段进行。"彭锐说，装配的连贯性要求较高，每次拆装都是连续作业，"有时一干就到凌晨。看着晨曦照进车间，尽管很累，但觉得很欣慰。"

从零开始的国产大飞机，发动机对接只是千万个难题中的一个。"通用设备可以进口，但装配工艺与集成技术无法引进。"中国商飞制造总师姜丽萍说，"关键工艺技术的自主攻关是必由之路！"

### 技术改造创新
### 不当看客当创客

飞机总装制造是一项系统工程，是复杂产品的典型代表，产品结构复杂，装配质量要求高，试验维护项目多，需要从技术能力、人员素养、基础管理等多个方面提升综合实力。

2017 年，C919 研制面临诸多技术攻关，为全面完成全年工作任务，总装车间全体职工不分昼夜，全力攻关，大客结构装配、全机通电通压、功能实验、发动机安装、点火等几十项重点任务被逐项攻克。围绕中心工作，总装车间实施了新技术新理念推广，将数字化制造体现在机身细节上，严实的对接缝、平齐的铆钉、规范统一的制造标准，凝结着全体员工在技术创新中不懈的努力，为 C919 插上先进的数字化翅膀。

在航空领域，有"轻一克，值千金"的说法：飞机重量每减少 10 克，30 年可节省燃料超过 1 吨。总装车间开展了"飞机减重大比拼"，以劳动和技能竞赛的方式鼓励职工动脑筋、比效率、出创意。线束敷设班组老技师卢扣章通过优化布线、采用轻量化辅助材料，摸索出一套线束减重工艺，使飞机减重 20 多公斤。

飞机装配技术创新涉及多领域、多专业，总装车间采用"结对子"的方式，跨班组、跨岗位组建了智能制造、数字测量等 12 支创新团队，为飞机研制提质增效。从国外引进的自动化生产线"水土不服"，智能制造团队将测量软件、柔性工装与拟合算法相结合，自主开发出部件自动对接系统，将大部件对接精度提高了两倍。不当看客当创客，仅 2017 年，总装车间职工提出的改进创新提案就达 1000 余条，申报专利 24 项，飞机装配效率提升了 40%。

（本报记者 沈文敏 《人民日报》2018 年 05 月 01 日第 04 版）

## 高级技师吴殿维

# "大工匠"守卫"大红旗"

"味道从前面传到驾驶室，是机箱内的故障。"吴殿维初步判断，迅速进入车内查看情况，"雨刷的控件出了状况，雨刷器不能用了，电机可能有问题。"不到 5 分钟，故障点确定。20 分钟内，故障顺利排除。

作为检阅车和国宾车的红旗轿车，被中国第一汽车集团有限公司红旗工厂 L 总装车间高级技师吴殿维亲切地称为"大红旗"。接手"大红旗"用车保障任务，吴殿维保持了重大场合车辆"零隐患"的纪录。

吴殿维说自己只是个修车工人，在同事眼里，他却是个"大工匠"。

1991 年，吴殿维刚参加工作时是冲压工人，因表现突出，被派往一汽轿车分厂驻北京服务站，开始从事汽车维修工作。2007 年，国庆 60 周年红旗检阅车项目组成立，筹备"大红旗"的生产制造。吴殿维负责整车电检与机械维修工作，从此和"大红旗"情定终身。

"一个部件拆装一百遍就熟了。""大红旗"的每一种气味、每一处动静、每一个部件的模样，吴殿维都记在心里。"保障检阅车和国宾车，最难的就是没法保证维修时间。如同军令，给咱几分钟就得几分钟完成。"吴殿维说，必须把技术成百上千遍地练，才能做到即使在紧急情况下也能判断得又快又准。

由于电器零件间的匹配极为复杂，装车前无法验证，"组装完毕，一旦电器零件有问题，拆卸既损耗器件，又影响生产效率。"吴殿维脑子里开始酝酿制作一个模拟电路台架，一有空就把整车电路全部铺在车间空地上，蹲着看，趴着试。两个多月后，电路运行状态监测工作台制作成功，集成了灯光、音响、空调等全部电器接口。所有电器件在平台上检测无误后，再进行组装，大大提高了装备车辆的效率，保证了装配质量。

"每个问题，都是研究攻关的课题。"吴殿维说，"大红旗"试生产期间，所有的配件都需要磨合，再细碎的问题也必须在正式生产前全部解决。从 2008 年 9 月到 2009 年 6 月，"大红旗"样车装配阶段，吴殿维参与各类技术改造 236 项、质量改善 360 余项。

2013 年，"大红旗"成为国家礼宾用车，吴殿维的服务保障变成了全天候待命。他的包里装着各种手套，新旧不一，修不同部位，用不同手套。"准备得越精细，越能把车保护好。"

在北京，吴殿维有时会到长安街，静静看着礼宾车队驶过。"这辈子就注定跟着红旗了，守卫着它，骄傲！"

（本报记者 祝大伟 《人民日报》2018 年 04 月 30 日第 01 版）

中铁科工集团九桥公司首席焊工王中美——

# 17 年，炼成"女焊将"

当"复兴号"动车组飞驰过南京大胜关长江大桥时，空气轰鸣，大地颤抖，桥梁上的每一条焊缝，都在经受考验。

"焊缝是桥梁的生命。"中铁科工集团九桥公司"首席焊工"王中美如是说，而她就是守护桥梁生命的人。京广高铁武汉天兴洲公铁两用长江大桥、京沪高铁南京大胜关长江大桥、京福高铁铜陵长江大桥、沪通长江大桥……40 多座世界一流桥梁的前期焊接试验任务，都被王中美一一拿下。

毕业于武汉铁路桥梁职业学院的王中美还记得第一次去电焊实习的情形。灼热的钢条、飞溅的火花、呛人的气味，晚上回去时眼睛已经肿成一条缝。同是焊工的父亲担心女儿干不了这活，但王中美却坚持试一试，这一试就是 17 年。"我们焊接的不只是一条焊缝，而是对生命的责任。"王中美说。

对待工作，王中美是出了名的负责，焊缝可以达到一级无缺陷。2005 年，中铁九桥工程公司承建沪渝高速四渡河桥。按照设计，钢梁主桁杆件拉索吊耳角接焊缝多、工艺要求高，很多老师傅都望而却步。当时王中美还是只有 4 年资历的新员工，她主动请战，结果由她焊接的 30 多组高熔透焊缝均一次检验合格。

从业 17 年，王中美的重要技术创新达十几项。她探索出开单面坡口焊接工法，突破了传统焊接工法厚度 16 毫米以上钢板熔透焊接必须开双面坡口的通行标准，被集团命名为"王中美焊接工法"，广泛应用到我国桥梁建设中。在鄱阳湖大桥钢梁制造中，她又创新使用自动焊接代替二氧化碳气体保护焊，解决了合格率低的问题。

在九桥公司的一间办公室门口，挂着王中美专家培训工作室和劳模创新工作室两块牌子。2016年挂牌以来，已经组织开展了20多次新材质试验和焊接攻关活动，开展的技能培训、考试等活动1600多人次。

在获得荣誉的同时，王中美也会想起父亲："他们那一代创造了中国工人的辉煌。重任交到我们这代人手上，我们要做得更好。"

（本报记者 孙超 《人民日报》2018年04月29日第02版）

中车戚墅堰所"技改大王"刘云清

# 关键技术要掌握在自己手里

1996 年，刘云清中专毕业，进入中车戚墅堰机车车辆工艺研究所有限公司当机修钳工；2013 年，刘云清带队自主设计的数控珩磨机达到国际领先水平，人称"技改大王"。

"小刘，快到机加工车间，出大事了！"2010 年 9 月，睡梦中的刘云清被一通电话叫醒，到了现场，十几个维修人员正围着一台日本进口卧式加工中心一筹莫展。距离约定交货时间不到 15 小时，唯一的设备无法开机。中车戚墅堰所汽车零部件公司副总经理汪向众很是焦急，"如果不按时交货，公司就拿不到后续 2000 万美元的市场订单，公司声誉也会受损。"

刘云清摸索了两个多小时，发现是线路板故障。厂家回复，只能更换配件，最快一个月完成。5 块线路板，300 余条线路，3 万多个元器件，厂家为了保护技术，还对线路进行了密封，一根线路接错，就可能导致整个电气系统报废。刘云清决定放手一搏，"改造线路板，用跳线的方法，屏蔽故障。"两个半小时后，开机，一切正常。刘云清的汗水湿透了衬衣。

因为修好过这台 380 万元的进口设备，找他修设备的人纷纷慕名而来。2013 年，常州一家德资企业找到刘云清，厂里一台运转了 50 多年的进口龙门刨床出了故障，生产厂家说设备太老没法维修，购买一台新设备需要800 多万元。经过刘云清的改造，这台老设备起死回生，不仅加工精度达到国内设备的同期水平，还从人工操控变成了智能控制。

刘云清在单位职工宿舍住了21年，生活圈子就是车间、宿舍、图书馆。每天吃完晚饭，他都到车间转转，琢磨机器的构造，思考维修难题；要不就是到图书馆，看维修书籍，了解设备原理。

1998年开始，中车戚墅堰所引进多台进口设备，每次发生故障，都要请厂家派人维修。"他们从出发就开始算工时费，路上一切费用都要我们报销，如果时间紧急，还要给加急费……一趟算下来，有时候十几万元都打不住。"刘云清暗下决心，要学会修进口设备。外籍技术人员修理设备时，刘云清就在一旁"偷师学艺"。通过不断钻研，刘云清成了厂里少有的维修专家。如今，走在车间里，只要听声音，他就知道哪台机组有问题，并且能很快找出原因。

用于零件高精密加工的磨削设备——数控珩磨机一度被国外厂家垄断，进口价格贵，维修成本高。"关键技术要掌握在自己手里！"2013年，刘云清一头扎进了新型数控珩磨机的研究中。找资料，分析数据，改造闲置废弃设备……仅是测试珩磨的相关工艺，他就尝试了100多种不同配比的刀具和磨削介质，对珩磨浮动结构的设计验证达数十次。经过上千次试验，首台新型龙门式全浮动数控珩磨机诞生了，各项性能远超国外同类设备，制造成本仅为进口设备的1/4。此后，他又成功研制出新型节能免维护液压系统，比传统型产品节能30%；主持研制了断刀保护装置，累计节约成本130多万元……"技改大王"的名声由此传开。

2015年，中车戚墅堰所成立刘云清劳模创新工作室，已累计取得专利17项，完成科技攻关项目35项，自主研发设备200余套，节约采购经费4200万元，累计创造价值1.5亿元。不过，刘云清心中仍有梦想，"幸福都是奋斗出来的，我希望能为'中国智造'做更多贡献。"

（本报记者 王伟健 《人民日报》2018年04月28日第07版）

依托自身资源，提供全流程服务

# 海尔创客 梦想起飞

在馨厨冰箱里找菜谱，听相声；躺在床上，用小帅影院对着天花板看电影……这些听起来很新鲜的产品都是海尔创客根据用户需求做出来的。不过，要想把虚拟创意迅速变成现实产品，离不开海尔创业加速平台。2013 年起，海尔已有 2.1 万名员工进入各类小微企业，自己当起了 CEO，带领创客们创业。

"进入海尔 10 多年，如今我也从员工转成了创客。"小帅影院创始人马文俊深有感触，以前作为员工重在执行，而现在他却要打理整个企业。

马文俊创业的念头是一次在互联网上向用户征求意见时萌生的。当时，他在海尔从事电视业务，一位孕妇向他提出："孕妇坐着看电视太累，能否躺在床上，用天花板看电视呢？""电视不能装上去，有技术能解决这个问题吗？"马文俊说，这是一个巨大的商机。智能投影技术与互联网技术结合，在天花板上看电视的想法就能实现。

2014 年初，马文俊和几个小伙伴制作出了第一台智能投影设备。马文俊说，"创业需要资金和推广，对于如何融资、商业计划书怎么写等问题我们一窍不通。"但海尔创客加速平台的建立，给了他很大帮助。谈起当初，马文俊深有感触，"我创业的萌芽在海尔这棵大树下破土而出。"

入驻海尔创客加速平台后，海尔帮助马文俊进行网络众筹，很快 1500 万元初创资金众筹完毕，随后海尔也跟投 500 万元。马文俊的创业之路正式开启。

"平台帮助创客们寻找社会资本，而不是一开始就为其投资。"海尔创客加速平台总监孙中元说，让市场来检验创客的创业是否有用户需求。

除了鼓励员工当创客，海尔创客加速平台，还为"外来户"提供同质量的创业服务。馨厨冰箱总经理廖信就是"外来户"中的一员。20世纪90年代末，大学刚毕业的廖信就先后投身到美国、印度和国内多家企业中，负责互联网营销，但他一直怀揣创业梦想。2015年7月份，廖信入驻海尔创客加速平台。"当时还没有成熟的项目，只是想试试。"廖信说，"我从海尔冰箱入手，看能否发现机会。""以往把冰箱卖出后与用户的交互也就结束了，只剩售后服务。"廖信说，海尔一直在做生态圈，希望能持续与用户进行交流和互动。

3个月时间，一款用互联网技术改造的冰箱推向市场。互联网技术为冰箱增加了新功能，在厨房炒菜时，可用冰箱听收音机、查菜谱、进行营养配餐，还可人机互动。"'互联网＋冰箱'成为海尔冰箱史上的浓重一笔。"廖信说，海尔强大的冰箱技术、生产线、销售渠道，让他的创意变成了现实。

有人说，海尔是一个创业者孵化器。孙中元对此并不认同。"二者有天壤之别。"孙中元说，"普通的孵化器多为创业者提供免费空间或者资金，而海尔是把自己的设计、研发、销售以及服务全流程的产业要素向内部员工和外部创客开放，是创客创业的专业服务商，为创客们提供全要素、全流程、全生命周期的双创服务。"孙中元说，"海尔要扶创客上马，还要送一程，让创业过程不再难。"

（本报记者 潘俊强 《人民日报》2016年05月13日第06版）

中国航天科工三院数控加工车间王阳

# 三尺机台，"车"出精彩人生

"当学徒那阵子，看着师傅把一个个铁疙瘩加工成像工艺品一样的零件，感到很神奇，下决心要把这门技艺学到手"。全国劳动模范、中国航天科工三院 111 厂数控加工车间车工班班长王阳为了实现理想，与车床为伴，在车工岗位上一干就是 30 年，用技能和实干实现了自身价值。

1985 年，王阳从部队复员转业到被誉为航天航空动力装置摇篮、共和国航天功勋企业的 111 厂。面对自己底子薄、基础差的弱点，王阳从头开始学习，刻苦钻研，凭着一股韧劲，硬是啃下了金属加工工艺、车工工艺、数控加工工艺等技术理论，还利用业余时间完成了机械加工专业大专班的课程。

1997 年，111 厂承担了神舟飞船十大关键件之一的连接分离机构的研制和生产任务，作为项目组主要成员之一的王阳，担负了连接分离机构关键件的试制加工任务。面对无可直接参考的技术资料、无可借鉴的经验、国内无任何生产过此种产品先例等困难，他与工程技术人员刻苦钻研，开始了样件的加工。他在机床上连续工作两个多月，有时一干就是几个通宵，反复摸索、多次验证，终于攻克难关，加工出了合格的样件。随后，又马不停蹄地投入到正式产品的加工之中，圆满完成了首批加工任务。

2011 年 3 月，沈阳市国防工会以他的名字命名成立了"王阳劳模创新工作室"。2013 年，航天科工设立了第三研究院"王阳技能大师工作室"。

王阳充分发挥工作室科研攻关与人才培养的双重作用，积极开展技能传承和导师带徒活动，室内 3 名同志晋升为高级技师、8 名晋升为技师，两年累计完成上级和工厂赋予的技术攻关任务 28 项。据不完全统计：10 年来，他完成工时 58512 小时，相当于 10 年干了 20 年的活；他义务献工 1968 小时，主动加班 256 天（次），被誉为"走在时间前面的人"。

王阳摸索总结出具有自己特点的加工操作法，即"一看、二选、三找、四细、五严"加工法，确保了每一项产品加工一次合格率达到百分之百，在平凡的车工岗位上创造了连续 21 年无废品的纪录。

近年来，王阳带领团队攻克生产难题 26 项，实现技术革新 29 项，小改小革 53 项，自制工装、改进刀具 62 项，33 项技术成果纳入工艺规范，获得国家专利 3 项，发表论文一篇，创造价值近百万元。

王阳敢走前人没有走过的路，敢干前人没干过的"活"，创造了国内机械加工行业的一次次奇迹。从"神一"到"神十"，从不载人飞行到实现载人飞行，再到交会对接，他交付的产品合格率全部达到 100%。

"我热爱我的工作，我要为祖国的航天事业贡献我的力量。如果让我重新选择，我依然会选择做一名航天事业的车工。"30 年来，王阳多次婉言谢绝组织提拔他去管理岗位，坚守在生产一线，在三尺机台上"车"出了别样人生，为我国载人航天、探月工程、国防装备等国家重点任务的圆满完成做出了突出贡献。

（本报记者 蒋建科 《人民日报》2016 年 05 月 12 日第 06 版）

南方电网广西电力科学研究院祝文姬——

# 她让电动车无线充电

"车辆安装了无线接收装置，只要沿着指定位置行驶，就能进行自动识别，并为车载电池充电。"在电动汽车还处于有线充电的当下，有多少人敢大胆"幻想"——甩开充电的"辫子"，开启无线充电新模式呢？

在广西南宁的南方电网广西电力科学研究院高压试验基地，一条用隔离栏分隔开并贴有黄色胶条的车道引人注目。工作人员揭开车道下一段段的井盖，10 多厘米宽的红色能量发射装置便露了出来。一辆经过简单改装的小型电车在车道上缓缓驶来，这辆车的电能不但不会损耗，还会在行驶中持续增加。

该院智能电网及需求侧研究所博士祝文姬介绍，这条长 33 米、宽 3.5 米的车道是国内首条电动汽车无线供电车道，车道底下铺设有供电导轨，通过电磁感应以无线电能传输的方式为车辆实时供电。在试验基地的另一侧，一个私家车车位大小的充电车位，与供电车道无异，车道底下铺设了供电导轨，车道上用线圈标注了中心感应位置。这就是驻停式无线充电车位，充电原理与行车时相同，电动汽车充电 1 小时能续航里程 100 公里。

"人总是要有梦想的，说不定哪天就真的实现了。"三十出头的女博士祝文姬，凭着一股敢想敢干的劲头，仅用 4 年时间，便攻克了电动汽车无线供电充电这一前沿技术，研制出驻停式电动车无线充电装置。

"能参与这个项目，感到既幸运又充满挑战。"2011 年，祝文姬从湖南大学博士毕业，进入南方电网广西电力科学研究院工作。第二年，她便加入了"面向智能电网的无线电能传输关键技术"科研团队，开始研究电动汽车无线供电充电技术。

"无线供电充电技术的研究过程会遇到许多新问题，这是之前我就想到的。"这个项目原计划要在 2013 年结题，但祝文姬发现，电动汽车无线供电技术要解决的前沿问题越来越多，电能转换效率也有潜力可挖。她向南方电网公司申请延迟 2 年结题。"当时 1 度电从电网传输到汽车上，除掉一些不可避免的损耗，汽车能接收到 75%。虽然比立项前的 65% 提升了不少，但我希望能突破 80% 的大关。"祝文姬说："科研成果最终是要推广应用的，我们不能就这么草率结题，要做就要做到最好！"

在接下来的日子，祝文姬常常泡在实验室里，一点一点修改系统参数，最终将效率由 75% 提高到了 85%。为了降低电磁辐射，她不断更换材料、反复试验，最后把电磁辐射值降到 0.57 微特斯拉，远远低于国际标准 27 微特斯拉。为了提高车道导轨切换电压的稳定性，她查阅了国内外几十万字的资料，然后做理论推导、仿真以及大量的试验……

一个难题一个难题地攻坚，祝文姬不言放弃，成功攻克了电动汽车无线供电充电技术，拥有国家发明专利 21 件、实用新型专利 40 件、计算机软件著作权 7 项。

*（本报记者 庞革平 《人民日报》2016 年 05 月 11 日第 06 版）*

#### 沈阳造币公司技师张文良

# 工作中提升 竞赛中超越

他是全国技术能手，全国青年岗位能手；他曾在众多比赛中摘金，两次闯进"振兴杯"全国青工大赛前三名……张文良，沈阳造币有限公司最年轻的"90后"技师，只有25岁。

初见张文良，他身穿蓝色工作服，阳光、稚嫩，充满朝气。工作认真严谨的张文良，虽少年得志、荣誉在身，仍依旧虚心向老师傅学习技术。"技术精湛、突破创新，是我的最高追求。"

沈阳造币有限公司主要制造国家统一发行的各类纪念币，造币需要经过切割、印压等环节，若中途出现误差就可能导致停机或产生废币，张文良的工作就是保证流水线高效、准确运转。

一次，张文良发现生产联动线上包装卷歪斜、碎卷现象比较多。一连几天，他一有空就蹲在传送带前仔细观察。一位师傅对他说，"文良啊，别看了，这联动线是专人论证设计的，那电子探头—气缸—阀门的结构可复杂了，咱们可解决不了。"这话反而点亮了张文良的灵感。"如果用一块不锈钢板取代这个复杂结构，不就不会出现各部位配合不一致的现象了吗？歪卷和碎卷的问题不就解决了吗？"经过精细计算，他设计并制作的有着合适弯曲弧度和安全角度的不锈钢板，不仅提高了生产效率，还降低了生产成本。

3年间，张文良取得了几十项技术成果，帮助企业解决了许多实际问题。

2016 年初，张文良从维修钳工转变成一名印花机长。仅两个多月，他就完全掌握了印花机操作技巧，并针对印花机因配件老化引起的漏油、掉丝等情况提出改进方案，彻底解决了印花机废品率高的"顽疾"。

2008 年，17 岁的张文良离开家乡，到省城学习钳工技术。站立和拿工具的姿势是钳工技艺的基础，起初，张文良和身边同学一样，总觉得姿势很别扭。

"既选择职业技校，就要学有所成。"张文良直面困难，虚心向老师请教，"您看我这么站对吗？""怎么站才更合理呢？"张文良还用粉笔在地上记录下站立的脚印，来回练习。

一次，老师对班里同学的作品进行精度测量，张文良自认为做得不错，但最后测量却发现误差很大。"为什么别人做得出来，我却做不出来？"

从那以后，张文良抓紧每一分钟汲取知识养分，经常一个人默默复习、演练。渐渐地，张文良脱颖而出。一次偶然机会，张文良参加了第三届全国技工院校学生技能大赛，并获得"雏鹰奖"。

毕业后，张文良在沈阳职业技术学院的下属工厂做临时工，除了吃饭、睡觉，他把全部时间和精力都花在了提升技能上。功夫不负有心人，他的技能水平突飞猛进。2012 年，张文良在第八届"振兴杯"全国青工大赛中夺冠，并荣获当年的"全国青年岗位能手"称号。凭借这份荣耀，张文良成为沈阳造币有限公司特殊招聘的第一名高级青年技术人才。

张文良出生在辽宁岫岩，从小目睹母亲的辛劳，他立志要让家里人过上好日子。

"小时候贪玩，学习成绩不理想，考大学希望不大，还不如早点工作给家里减轻负担。"学艺过程中的四处碰壁，让张文良开始反省。"人常说，人生在世要有一技之长，我还是要接受系统的教育。"他先是到岫岩职教中心学习技能，3 年后，通过中专升大专的考试，又考上了沈阳职业技术学院汽车分院。

"对于一线产业工人而言，追求技术极致是他们努力的方向。"沈阳市团市委宣传部部长佟越说，"技术工人缺乏完整的知识结构，但有很强的实操能力，而这恰恰是他们施展的空间。"

回想当初的选择，张文良深有感触："考大学并不是唯一出路，国家发展不仅需要理论性人才，更离不开技能型人才。在产业升级过程中，技术工人可凭借自己的技艺和经验解决创新过程中的很多具体问题。"

"技术能够改变命运，张文良就是一个典型。"佟越说，东北有完整的工业体系，集聚着大量产业工人，每年举小青工比赛，就是要掀起一股追求精湛技艺的风气，今后还将成立技术联盟，将不同行业的技师集中起来相互交流，培养更多的青年技师。

（本报记者 何勇 黄福特 《人民日报》2016 年 05 月 06 日第 06 版）

杭州技师学院青年教师杨金龙

# 不要差不多，瞄准最完美

走进杭州技师学院汽车喷漆实训中心，青年教师杨金龙正在反复做个性化喷漆工艺试验：在漆膜中加水造出气泡，折射出丰富的色彩效果。这在国内是一项领先的喷漆技术。

22岁的杨金龙是浙江省首位特级技师。2015年，在巴西圣保罗第四十三届世界技能大赛上，他获得汽车喷漆项目金牌，实现了中国在世界技能大赛金牌上零的突破。

1994年10月，杨金龙出生于云南省保山市辛街乡的农民家庭。由于家境一般，杨金龙打小就想学一门技术。2009年9月，杨金龙成为杭州技师学院学生，他选择了汽车钣金与涂装专业。

默默无闻的杨金龙，从不多话，但很倔，有什么技能掌握不了，就下死劲钻研。他说，每天满脑子琢磨的就是怎样让技能精益求精。在学校时，杨金龙就获得浙江省车身涂装（喷漆）项目一等奖，后又代表浙江省参加全国职业院校技能大赛，获得二等奖。

毕业后，杨金龙拒绝了企业的高薪邀请，在杭州技师学院当了老师。"这个行业需要更多的技能人才，我追求技能高峰，也想尽力培养更多学生。"杨金龙说。

获得世界技能大赛金奖之后，不断有企业打来电话，开出高待遇，邀请杨金龙。但杨金龙坚持初衷："现在国内优秀的汽车喷漆技术工人很缺乏。我喜欢当老师，想培养出更多的好技工。"目前，杭州技师学院成立了以杨金龙名字命名的工作室，每周，杨金龙有 12 节课的教学任务，他用自己的经验告诉学生：踏踏实实、追求完美。"汽车喷漆看似简单，其实对每个环节都有严格的要求，对湿度控制稍有不慎，就会出现开裂。因此每一步都不能说'差不多'，而要'最完美'。对待学生作业，我不在乎花费时间多少，只在乎学生"。

（本报记者　顾春　《人民日报》2016 年 05 月 05 日第 13 版）

## 纺织女工刘沙

# 穿梭中编织绚丽

尽管穿着夏装，但刚进车间不到 5 分钟，记者就已浑身汗湿。车间内热、湿、吵、闷，让人想跑到外边缓口气……

在际华 3542 纺织有限公司布机车间，全国劳模刘沙正紧张忙碌着。巡回、检查、打结，刘沙在轰鸣的织布机间来回穿梭，只见她双手快速飞舞处理断经结点，额头上渗出的汗珠都来不及擦。

从进厂到当选全国劳动模范，刘沙只用了 6 年。

在布机车间，每个纺织女工一个车位，每个车位有 6 台织布机床，每天最少要织布 300 多米。织布过程中，一旦遇到"断经"，织布机就会停摆。熟练的纺织女工一分钟能打 26 个结，40 秒内就能处理完"断经"，让织布机重新工作。

刚进厂时，由于没掌握技术要领，刘沙打结速度慢，质量也不好。"那会儿心里特别着急，常常担心干不好这份工作。"入厂一周后，刘沙打起了退堂鼓。"哭着从宿舍走到了工厂大门口，真不想干了……"刘沙回忆说，"可一回头，看到灯火通明的车间还有来回忙碌的同事，我就想为啥别人能坚持、能干好，难道我真不行？"

想到这里，刘沙擦干眼泪，又走回了车间，主动找师傅学习打结技巧。之后不久，刘沙就能一分钟打 22 个结，在新进厂纺织女工中排名第二。

但刘沙仍不满意。当时已近深秋，天气寒冷。每天晚上等工友们都睡了，刘沙就提一壶热水，搬着板凳，坐在宿舍走廊里反复练习打结。"手凉了就放在热水里暖一暖，然后接着练。"

凭借这种不服输、肯钻研的劲头，刘沙一分钟能打结 36 个，一举打破此前公司多年未变的一分钟打结 32 个的纪录。处理"断经"的车床，刘沙最快只需 23 秒。在这之前，最快的工人也要 26.7 秒。布机车间主任程波告诉记者："可别小看这 3.7 秒！一个工人上一个班要处理 8000 多次断经，折算下来相当于每个班次多了一个工人。"

进厂半年后，刘沙已经可以独立操作 16 台纺织机车，比其他工友足足多了 4 台。

"光自己技术好，有什么用？只有身边姐妹的水平都提高了，班组业绩才能显出来。我要让每个人都成为技术能手，都能当师傅。"2012 年 4 月，刘沙到操作技术最差的丙班当轮班教练。刚上任，刘沙就开始动脑筋，想办法提高姐妹们的操作技能。

根据不同青工掌握技术的熟练程度和薄弱环节，刘沙分别制定专门学习计划，建立学员档案，因人施教、分别帮教。对新职工，刘沙总是耐心讲解，手把手帮助她们学会每一个动作并反复操作，直到完全掌握技术为止。据了解，上班 6 年来，刘沙一共带了 50 名徒弟，如今已有 39 人成为岗位标兵。

2013 年初，布机车间丁班轮班长因为人员流失严重而辞职，车间安排其他有经验的轮班长去接手丁班，可没有一个人愿意。最后，车间想到了刘沙。

当上了轮班长，刘沙整个人就像上了发条。效率提不上去，刘沙总结出"一停二看三查"巡回法，一个月下来，生产效率提高 10%，并在全车间得到推广；生产任务紧，刘沙组建一支 20 多人的"青年突击队"加班加点，完成了订单。

"每种布纹路不同，接线方式也不同。"刘沙说，忙中出错，一旦接线接错了，织出来的布就成了"疵布"。疵布消耗一直是车间降低成本的难点所在。刘沙让每个小组都自设一个"明细平台"，做好小组消耗管理台账和员工操作记录。通过一系列活动的开展，刘沙所在的班组疵布率又下降了1%。

（本报记者 付文 《人民日报》2016年05月04日第06版）

中石化井下作业技师田明

# 技能大师 油田长成

他三十年如一日矢志科学攻关，勇于创新创造，完成创新革新成果92项，荣获国家科学技术进步二等奖；

他爱岗敬业、淡泊名利，将辛勤劳动和聪明智慧悉数奉献社会，从一名普通石油工人成长为中石化技能大师。

51岁的中国石化江苏油田分公司井下作业处高级技师田明说：只要肯努力就会有收获，有本领就会有舞台。

在新疆大漠深处，矗立在戈壁滩上的某井，是中石化的一口重点探井。2006年底，它在一次试油施工中出现故障，得不到解决就面临报废。钻这口井，曾花费工人们1年半时间、投资高达一个亿。面对这一险情，工友们都急了……

要解决这个难题，就必须用到一个叫做"震击器"的工具。当时国产震击器的使用上限是不超过4000米深，而此井的深度将近6000米。"性能超过4000米井深的震击器都由国外产品垄断，光租赁使用1次就需10多万元。"当时担任作业现场设备大班的田明，决定自己动手解决难题。

调整阀座间隙、优化密封系统、增设压力平衡系统……他竭尽所能做着每一项改进，重复着每一次调试。冬天的大漠，寒风刺骨、异常艰苦。经过6天连续改进和反复调试，田明终于解决了这个问题。20天后此井大修顺利完工，为国家挽回了上亿元的损失。改进后的震击器，作业深度从

4000 米提升至 6000 米，填补了国内技术空白，彻底改变了国外产品在国内市场一家独大的局面。

值得一提的是，对于这项技术的改进，田明的花费总共才 1000 多元。目前，这项技术已在全国推广，部分产品还出口国外市场。

时常有人问他：成天捣鼓那些"铁疙瘩"有什么意思？图个啥？对此，田明的回答是：不为名，不为利，为的是自己喜欢。他曾用一个报废的控制元件，修好了价值上千万的进口设备，节约外修费用十几万元；曾经只花 3000 元，修好了一台净水装置，为企业节约成本数万元；甚至还曾一分钱未花，修好了价值数千万元的进口液压系统。工作 30 年来，他先后完成技术革新成果 92 项，获得国家专利 28 项，他的创新成果曾为企业创效 6000 余万元。

"田明有个习惯，那就是在现场作业中只要遇到不顺手、不方便的地方，他总想着要捣鼓捣鼓。为攻克技术难题，哪怕 2 年、3 年甚至 9 年，他都能默默坚持下来。"工友们说，别人不留意的问题，他能留意；别人不敢想的问题，他敢去想……

从一个只有初中文化、缺乏经验的小伙子，成长为江苏油田首席技师、中国石化集团公司技能大师，田明将"大师炼成之路"归功于自己爱学习、善思考的好习惯。

"刚参加工作时，曾因为没及时关闭测试阀导致工期延误，心里既害怕又自责。"田明说，"当时就痛下决心，起点低一点不要紧，只要努力提升就能成为有知识的石油工人！"

从此，学知识、练本领、提技能成了田明工作生活的主题。那段时间，他每天只休息 4 到 5 个小时，一边练习仪器操作，一边跟着单位补习文化课，在用一年半时间就学完高中三年的文化课后，又自学了专业知识，撰写了 10 多万字的学习笔记，很快就顺利通过了机电一体化专业成人高考。令工友们吃惊的是，田明不仅有满满一柜子的专业书籍，而且几乎每一本都被翻破磨损了，里面的重点内容都被画上了红线。

知识的拓展、技能的提升、实践的演练，使田明很快从"门外汉"变成了"熟练工"，再成长为"技能大师"，走上更为宽广的人生舞台。

2010年，江苏油田首个工人层面的劳模工作室——田明劳模工作室成立。6年来，他先后与32人签订师徒或导师协定，多次现场指导青工进行技术革新；他带领团队累计完成创新成果61项，申请专利20多项，在国家核心期刊发表论文10多篇。

为了更好地指导青工学技术，田明还在局域网上建立了工作室网站，将技术资料无偿分享；走上讲台与大家交流技术革新的心得体会，先后为集团公司青年骨干创新研修班、高技能人才创新培训班等授课80余期，听课的学员超过3000人。在他身边，越来越多的一线工人正在成长为技术尖子、行业标兵。

（本报记者 姚雪青 《人民日报》2016年05月03日第06版）

中车长客高级技师李万君

# 技术创新有一手

"焊得好！"在赛场巡视的领导走到李万君身边停住脚步称赞。"焊得好不是目的，我来就是争第一的。"李万君站起身大声回应道。"真敢说大话，历届第一的高手都在这里比赛呢。"听到这话，李万君红了脸，感觉自己的话有些鲁莽。但比赛结果没有"打脸"，每种焊法的第一名都是他。这是1997年，29岁的李万君第一次参加长春市焊工大赛上的一幕。

在中车长春轨道客车股份有限公司，李万君从职业高中毕业生，成长为今天的高级技师，拿过中华技能大奖，被誉为"高铁焊接大师"。

如今，手中的焊枪不曾放下，李万君永争第一的初心也未曾改变。

1987年职业高中毕业，李万君就进入长春轨道客车股份有限公司，被分到水箱工段做焊工。

"不亲身体会，不知这个岗位的苦。"李万君说，成天趴在带油的钢板上作业，手中焊枪喷射着烈焰，口罩戴一会儿就黢黑，夏天浑身汗，冬天一身冰。

"刚开始对焊接也没啥兴趣。是父亲经常整点料，让我多练习焊接。没想到上班第二年就在公司的焊接比赛中拿了第一，还有奖金。老师傅看到我活干得好，也都挺敬佩。"李万君说，这让他渐渐爱上了焊工。

多年的勤学苦练，李万君把手中的一支焊枪用得"出神入化"。

直径仅有3.2毫米的两根焊条，李万君可以分毫不差地对焊在一起，无需打磨，不留一丝痕迹。20米外，只要听到焊接声音，他就能判断出电流电压的大小，焊缝的宽窄，平焊还是立焊，焊接的质量如何。

"中国进入高铁时代，我们的命运便和高铁的发展紧紧绑在一起。"李万君说。

高速动车组的核心技术之一在转向架，转向架的核心技术之一在构架焊接。由于转向架环口要承载50吨的车体重量，焊接成型质量要求极高。"能否一枪把这个环口焊下来呢？"李万君决心破解这道难题。

用了一个多月，李万君成功摸索出了"环口焊接七步操作法"，交出完美的样品，让前来验收的法国专家都惊叹不已。

迄今为止，李万君已创造出20多项转向架焊接操作法，破解了高铁生产的诸多瓶颈，累计为企业节资创效1000多万元。

曾经，一汽专用车厂承揽国外重型卡车的加工订单，焊接试件质量迟迟不能过关。眼看国外专家就要回国，20个小时内交不上合格试件，订单就得"打水漂"。

紧急时刻，该厂找到李万君。李万君现场勘查完，迅速拿出方案，详细解说操作要领。

"一个晚上就能解决技术难题，让这些工人掌握了焊接技能，太不可思议了。"外国专家看着眼前完美的焊接品惊叹道，最终放心地把订单交给了企业。

2008年，李万君挑起了培训新员工的重担。他培训的400多名新员工，全部提前半年考取了国际焊工证，成为高速动车组制造的主力军。

2010年，李万君首席操作师工作站成立，随后工作站被国家命名为"李万君国家技能大师工作室"。几年来，他带领工作室的团队完成技术创新成果150多项，申报国家专利20多项。

（本报记者 孟海鹰 祝大伟 《人民日报》2016年05月02日第02版）

合肥燃气集团修理员吴雄飞八年如一日

# 小事做到底 服务送到家

9年前，吴雄飞从部队转业，成为合肥燃气集团的一名基层修理员，师从全国劳模徐辉。3000多个日夜，他为1300多名用户进行安全用气检查，成立志愿队为居民排忧解难，结对帮扶30余位孤寡老人。

全国"五一"劳动奖章、中国好人、2015年全国劳动模范……如今，吴雄飞不仅继承了师傅的衣钵，也让劳模精神得以传递。

天蒙蒙亮，合肥市西园新村小区，晨雾中一个健壮的蓝色身影走过。"吴师傅，这么早就出工啊？"晨练老人一眼就认出了吴师傅，因为小区楼道里挂着他的照片和电话。"认识八九年了，开始只知道他是修燃气的，后来熟了，家里什么毛病都叫他。"

吴雄飞去的是78岁的杜秀兰奶奶家。"胃药吃了吗？"吴雄飞走进厨房，检查灶台时问道。"吃过了，家里煎了烙饼，你带点走吧。"

杜奶奶说，8年前她就与吴雄飞相识，当时老伴瘫痪在床，儿子在上海，腿脚不方便又住5楼的她常找吴雄飞帮忙。2015年3月，杜奶奶慢性胃炎犯了，吴雄飞接到电话后背着老人到医院，一直陪到出院。此后，吴雄飞总是习惯性地在包里装一瓶胃药。

街道办工作人员说，辖区只要有志愿服务，肯定有吴雄飞的身影，后来他干脆建立了"吴雄飞爱心班"，"给孤寡老人打扫卫生、带老人看病、维修家电，许多超出工作范围的事，他从不推辞。"

2008年，吴雄飞成为徐辉的徒弟。徐辉是全国劳动模范、全国首届道德模范,众多希望提升自身素质和技能的一线维修员,都想拜徐辉为师。

两次合肥市技能大赛,吴雄飞都名落孙山。"说他没想法是不可能的,但这小子很快就走出来,反而比之前更有干劲。"徐辉说。

每次徐辉出工,吴雄飞一定跟在后边,把"疑难杂症"记下来,还自费购买《燃气设计规范》等书籍,有空就泡在服务所里练技能,下班也扛着灶具回家。此外,他还学习了燃气调压、巡线岗位技能。

经过努力,在安徽省第七届"徽匠"建筑节能大赛燃气灶具维修工比赛中,吴雄飞荣获"徽匠状元"称号。

如今,吴雄飞是合肥燃气集团管线运行公司蜀山区服务所维修二班班长,还带了两名徒弟。

一次,吴雄飞在外检查燃气时接到同事"求救"电话,"同事上门给用户点火(开通燃气),对方家里存在安全隐患,不能点。但用户不听,把门反锁不让他出去。"吴雄飞赶紧回到服务所,拿起操作手册赶到现场,一遍又一遍跟用户解释,"您家厨房没装门,按操作规范是不能开通燃气的。"用户最终理解了。这件事后,同事们但凡遇到棘手问题,总会跟吴雄飞打个电话。

施毅和吴雄飞同在蜀山区服务所工作,一件事令他记忆犹新。2009年隆冬,一位用户打来电话说家中好像有燃气泄漏的味道。考虑到燃气的危险性,吴雄飞急匆匆地赶到用户家。"到了地方,用户却不在,打电话对方说'问题可能不大,我先出门了'。"寒冬腊月,吴雄飞在楼道里等了一个半小时。用户回来后感到非常不好意思,而吴雄飞只是憨憨一笑。

2014年初,吴雄飞和师傅成立"徐辉、吴雄飞创新工作室",试图将先进的工作方法记录下来。师徒二人还主动承担操作岗位视频教学片录制工作,让《岗位操作手册》视频化,结合服务工作实际,总结服务经验,探索服务工作新机制。

(本报记者 叶琦 韩畅 《人民日报》2016 年 05 月 01 日第 02 版)

# "钢轨的方向就是诗和远方"

安静、清秀，见到关改玉的时候，很难想象 1988 年出生的她曾参与过海南东环铁路、京沪高铁、宁杭客专、津秦客专等重点工程的建设。

过去 7 年，"钢轨医生"关改玉克服野外恶劣条件，在铁路线上步行 1700 多公里进行探伤作业。

2009 年大学毕业后，关改玉本来分配到了中铁十七局集团铺架分公司海东项目部办公室。当时，以铺轨、架梁为主业的铺架公司成立不久，各类专业技术人才稀缺。

当关改玉听说探伤工好比是"钢轨医生"、对行车和旅客安全至关重要时，一下子产生了浓厚兴趣，"当时感觉坐在办公室里太单调，去做'钢轨医生'才能让青春足够精彩。"

项目部选派人员参加国家探伤工培训考试时，关改玉第一个报了名。谁料，项目领导不同意，"探伤工作条件太恶劣，不适合女同志干。"关改玉铁了心，一再坚持，最终做通了领导的思想工作。

一个女儿家，穿一身分辨不出男女的工作服，10 多斤重的背包里，没有眼线笔，没有唇膏，没有防晒霜，反倒是塞满了钢轨探伤仪、钢丝刷、机油、打磨布、棉纱，可关改玉觉着这样才对得起青春。

关改玉参加的第一个项目是海南东环铁路建设，当时正是酷暑，太阳暴晒下的钢轨温度达到 60 多摄氏度，山西姑娘关改玉哪见过这天气，"流汗跟流水似的，没几天就晒黑了。"

为了精准探伤，关改玉经常蹲在道砟、枕木上核对两三遍，每隔几百米就要重复做"下蹲运动"，一蹲就是 20 多分钟。就这样，每天背着包走四五个钟头，一天下来，两腿酸软无力，肩头被磨破。

关改玉是个爱挑战的人，越是困难，她越干得起劲。"一位前辈说过，探伤工绝不仅仅只是钢轨的'医生'，更是千千万万旅客生命的'守护神'！一辈子就干这一件事，也值了！"

业精于勤，渐渐地，关改玉能根据探伤仪荧光屏显示的波形，准确判断出焊轨质量的好坏，并根据波形的"长相"对缺陷进行定性。

与海南不同，秦皇岛冬季的西北风常刮得人站不稳，同事们个个军大衣、棉手套都觉得冷。为了探伤方便，关改玉解开军大衣扣子；为了探伤精准，她脱下棉手套，整个人都被冷风吹透了，双手也冻出了血口子。

关改玉说，"探伤看似简单，但懂得越多，反而胆子越小，生怕出现纰漏，所以要时刻提醒自己更精准，这样才能心安。"

大家对她从心疼、怜爱，渐渐变成了敬佩，"本来还有人打算追我做女朋友的，后来一看这形象，直接当成男同胞对待了。"关改玉开玩笑说。

7 年来，关改玉共检测焊头 8000 多个，准确率达到 95% 以上，先后获山西省"十大杰出女职工"、全国"三八"红旗手等荣誉称号。

野外工作这些年，最让关改玉刻骨铭心的，是独自行走在不见人烟的轨道上。"有时走一天都碰不见一个人。"她说，"前方是两条永不交汇的直线延伸开去，一眼望不到头；往后看，仍旧是这两条线，尾端消失在天地的尽头。我就站在这两条线的中间，头顶毒辣的太阳，一个人默默地工作。"

野外待久了，团聚就成了最大的心结。可一旦离开工地，又是满满的眷恋和不舍。有一年工程完工，关改玉在家休息了半年。刚回家的时候，有一种解脱的感觉，终于可以不用晒太阳了，终于可以不用昼伏夜行了，终于可以按时、按点吃饭了，终于可以用用化妆品、穿穿漂亮衣服了。可两个月后，她再也待不住了！开始想念同事、朋友，甚至怀念工地上的生活。

　　"我对探伤有感情。钢轨的方向就是我的诗和远方。"关改玉说，"当我老了，那些参建的铁路，那些检测过的焊接点，都会成为我生命中最珍贵的回忆！"

（本报记者　周亚军　《人民日报》2016 年 04 月 29 日第 11 版）

云南冶金昆明重工有限公司车工耿家盛

# 车工就玩儿"一把刀"

拿到图纸，准备好量具、刀具，耿家盛又一次站到车床面前。1984 年，耿家盛调入原云南重机厂工具车间做车工，从零基础的车工学徒到掌握多项绝活的"技术状元"，这一站就是 30 多年。

测量、磨刀，车工在很多时候都是日复一日地重复工作。每天都跟冷冰冰的钢铁打交道，对于很多人来说，这门技艺显得枯燥。但是在耿家盛看来却并非如此："每一块粗糙的金属原材料都需要精细的处理才能成为一个合格的零件，我把自己做出来的每一个零件都当作'艺术品'来看，做好了再去看，那就是咱技术工人的真正荣誉。"

## "因材施刀"

### 每把刀都有故事

检查好所有加油孔并润滑、摇起手柄，尖锐而又轻快的声音响起……"磨刀是车工的灵魂，对于操作车床的工人来说，所有的技术含量都反映在刀技上，刀磨得好了，车床上的声音也会动听起来，我磨出来的刀，工件与道具直接摩擦的声音小，轻快极了。"说起自己的磨刀技术，耿家盛脸上写满了自豪。

"不同的刀具体现了一个车工对材料的把控。"耿家盛珍藏着一个"宝贝"盒子，里面装满各式各样的刀具，"这就是我们车工吃饭的'家伙'，每把刀都有故事。"

在耿家盛的众多刀具中，有一把材质十分特别，这把车刀是用一块锯片制成的。

有一次，耿家盛接到一个加工橡胶胶辊的任务。橡胶材质软、弹性大，没有好的刀具，碎的橡胶屑切下来就会附着到刀具上或者零件上，一旦车床开始高速运转，就会乱反弹，十分危险。

"我仔细研究了橡胶的材质特性，想要加工好这个产品，刀子一定要锋利，同时还要有刚性，后来我偶然看到一次切割皮鞋的过程，一下子获得了灵感。"一块下料的废旧锯片，在耿家盛的改良创新之下，就成了切削加工橡胶胶辊的锋刃。

"好的车工要因材施刀。"耿家盛说，车工要根据不同工件的材质、参数，选好刀、用好刀，甚至发明刀，这也是他成为车工大师的独门秘笈。

2015年，以耿家盛为主或独立完成的"一种深孔锥度铰刀""一种高硬度、高韧性难切削材料机加工刀片"获得国家知识产权局实用新型专利；"一种高硬度合金堆焊机加工刀片"正在申报国家创新项目。

"车工就玩儿'一把刀'，刀好，活就不会差。"这句老师傅们传下来的教诲，耿家盛一直记在心里。

### 刀传后学

#### 传承工匠之心

在以耿家盛的名字命名的"大师工作室"里，陈列着一把很特别的双头车刀。

这把刀已经有点年头了，几乎和耿家盛的车工生涯同龄，而刀子的前角、后角、主刀刃、副刀刃依然清晰可辨。"用它干活又快又好。"耿家盛笑着说。

"车刀的一头是黄师傅磨的，那个时候我刚进厂，他就站在砂轮机旁一边磨，一边给我讲解动作和技术要领。"耿家盛回忆道，"那个时候每天都要用一些废旧的刀具练习，练得灰头土脸的。"

一周之后，耿家盛将这把刀的另一头磨了出来，交给师傅检验，"你可以出师了"，耿家盛真正开始了车工生涯。

"师傅们教给我的不只是车工技术，还有一丝不苟认真细致的做事风格。"耿家盛先后跟过4位师傅，"老师傅们爱护设备就像爱护自己的眼睛一样，钻研技术一个比一个厉害。"

如今，耿家盛从当年的学徒成了高级技师；走在昆明重工的厂子里，大家见到耿家盛，也会亲切地叫声"耿大师"。

从出师到现在，耿家盛也收了不少徒弟；"责任心""细致"是耿家盛最看重的品质，"我们做零件加工的，要的就是精细，最关键的就是要反反复复在同一个动作上钻研。"

"工匠精神体现在每一个精细的步骤上，体现在每一件产品的质量上。"耿家盛说，"很多特殊零件的加工，都不能被机器所取代，但这些技艺没有时间和实干的积累是成就不了的。"

为了培养更多技术人才，以他为主的名匠工作室先后与50余名青年职工签订了"师带徒"协议，仅耿家盛1人就每年平均带徒7人以上。通过他在理论上的耐心讲解及手把手的操作帮带，许多青年职工现已成为企业的生产骨干。

（本报记者 李茂颖 《人民日报》2016年04月28日第06版）

河北衡水郭学江

# 一名正能量满满的农民工

"这次我有幸被国务院授予'全国优秀农民工'荣誉称号，心情好激动。我一定不辜负这份荣誉和责任，加倍努力工作，再立新功！"2016年2月1日，从全国优秀农民工和农民工工作先进集体表彰大会上载誉归来的郭学江说。

43岁的郭学江是河北省衡水市阜城县东伊村人。

1991年当兵、1994年退役的郭学江曾是海军陆战队的一名军人。他多次见义勇为，危难之际，奋不顾身。

2013年5月9日深夜，租住在北京市昌平区北七家镇的郭学江，忽听对门出租屋内传出的"救命"声，赶紧披衣跑到出租屋门口。危急之时，他一脚踹开房门，飞身扑向持刀行凶歹徒，与之展开了生死搏斗，最终将受伤女子成功救出，并和在场群众一起将歹徒制服。郭学江因此被授予"北京市见义勇为个人"光荣称号。

2009年5月的一天，郭学江路过北京市昌平区某门窗厂时发现厂房里面窜出一股股浓烟，他火速冲了进去，帮助现场人员使用正确方法将明火压制住，避免了一起重大火灾……

"在遇到危险的时候，谁都希望有人出手相救，也都对有正义感的人充满敬意。社会需要正能量，需要我们每个人从自己做起。"郭学江说。

郭学江退役后，先是进入了一家保安公司工作，不久后担任队长，他所带的 6 个队在业务、安保、服务方面成绩突出，他个人还被北京市保安服务总公司记了功。

2013 年，郭学江返乡创业。当年 8 月，他创立了"衡水德隆家政服务公司"和"阜城县德隆职业培训学校"。

面对创业困难，他全心付出。创业初期，他带领家政公司工作人员下到乡村、集市发放宣传资料，到农民家中向乡亲们面对面讲解新技能、新知识，引导他们转变传统观念，接受新的择业观。

近 3 年来，学校共培训家政服务、育婴、养老护理、农业技术等实用技术学员 8000 余人。学员就职分布在北京、天津、石家庄、南京、上海、沈阳等 10 多个城市。家政公司获得河北省优秀家庭服务企业和"全国千户百强"家庭服务企业称号。

"家政服务不但是一份工作，更重要的是一种爱的传递。在服务的过程中，要将'心存感恩、服务社会、温暖万家'的企业精神传到千家万户，每个员工要有着'老吾老以及人之老，幼吾幼以及人之幼'的博爱品质。"

德隆家政公司先后开设了多个公益讲堂。寒暑假期间为中小学生开办的国学教育，为社区居民开办家庭智慧教育、法律讲堂、健康公益讲座等，场场座无虚席。

每年的中秋节、春节等传统节日来临，郭学江都会带领员工到社区、养老院、困难家庭慰问。"就是些米面油鸡蛋等生活用品，东西不多，但表达的是一片爱心。"郭学江说。

郭学江在努力创业的同时，勇于担当社会责任，他嫉恶如仇、见义勇为，奉献爱心、回报社会，展现了新时代农民工的风采。

（本报记者 徐运平 杨柳 《人民日报》2016 年 02 月 19 日第 09 版）

## 2015 全国优秀农民工李文龙、张喜忠、陈云珍

# 一双手 一股劲 一片天

2015 年，我国农民工总数已达 2.7 亿多人。他们中的很多人在岗位上发光发热，为社会发展尽一份力，也为自己生活添一份彩。李文龙、张喜忠、陈云珍……让我们来听听这几位全国优秀农民工的故事，看看他们的拼搏与奋斗。

### 高级技师李文龙

#### "做事要专心，容不得半点马虎"

李文龙，青岛四方机车车辆股份有限公司车辆钳工、高级技师。

2007 年，李文龙从临沂农村来到青岛，短短几年时间，他以精湛的钳工技能，由一名普通农民工成长为公司高级蓝领，并在 2012 年被评为"全国技术能手"。肯学、肯干、善钻是他迅速成长的秘诀。

肯学，一方面，深感理论知识匮乏的他，自觉利用业余时间刻苦学习，于 2013 年顺利取得西南交通大学业余大专教育学历。另一方面，李文龙虚心向老师傅请教，短短半年时间就掌握了总装车间整个工序的生产流程和生产工艺。

肯干：每天，李文龙早 6 点起床，晚 10 点才回家，中间的时间都用来练习，每件工件尺寸要保证精确到 0.01 毫米。

善钻：就钳工工作本身，为提高工作的效率和精度，李文龙积极开动脑筋，制作特殊工具。这些"宝贝"既好使，又有精度。在企业项目中，

李文龙着眼于现车生产，协助工艺、技术、设计人员解决技术难题和关键问题，参与改善方案30多项，节约生产成本60多万元。

"思考要用心、做事要专心、学习要虚心，容不得有半点马虎和错误。"李文龙如此总结道。

迅速成长的李文龙在自身练就精湛业务本领的同时，还毫无保留地将所掌握的先进技术和工艺向其他班组和员工传授指导。尤其是对刚进公司的一线新员工，李文龙结合自身理论学习和总结的实践经验，无私向徒弟和年轻员工传授动车司机室的内装板、操纵台、弯压条的研装工艺、技术要求和操作要点，使年轻员工能够迅速掌握基本操作技能。由他编写的《观光区的隔音降噪》《车辆钳工的内装施工》等实用性课件和教材甚至成为公司内部培训的首选教材。

### 保洁员张喜忠

*"掏粪也是一项事业"*

16年前，一个人、一辆二手污水抽运车；现今，一支队伍50多人、5辆环卫抽吸车、1辆应急排水作业车、2辆高压清洗管道车……

不怕苦、不怕脏、不怕累，北京老兵保洁服务中心队队长张喜忠用执着将保洁事业干得红红火火。如今的他，成功地完成过北京奥运会期间奥运场馆周围的全部管道疏通和排水作业；负责了国庆60周年天安门和长安街周围管道的监控疏通、活动厕所粪便的抽运工作；保洁业务更是遍及北京市各社区、大型宾馆饭店、部队等单位。

"1997年觉得保洁服务是个机会，但不少亲戚朋友都说通下水道、掏大粪，不好听！"张喜忠说，"这反而让我找到了当年在部队接受急难险重任务的激情。我们当过兵的人，最大的优势就是不怕苦、不怕脏、不怕累。"

就这样，张喜忠用东拼西凑的钱，加上多年积蓄，买了一辆二手污水抽运车，开始了掏粪生涯。

北京奥运会期间，比赛场馆附近的一个下水道阻塞了，一个小时后依旧没能疏通。"不能再等了"，戴上防毒面具，张喜忠一下就跳了下去……没多久，被呛晕的张喜忠就被人拉了上来。过了好一会儿才醒来的他依然坚持自己下去，"防毒面具防不住，下面的情况只有我了解，还是得我下去！"最后，硬是靠着一股拼劲，张喜忠来来回回上下好几次才打通下水道。

关键时刻顶得住，危机时刻更靠得住。"7·21"北京特大暴雨时，张喜忠积极组织北京河南志愿者服务队，先后奔赴海淀区、房山区河北镇、十渡游览区进行管道疏通、排水、清淤等抢险救灾作业，排水3000立方米，疏通管道4000米，清淤500平方米，抢救转运物资10万余元。

在打拼的同时，张喜忠不忘帮助农民工兄弟们。从业以来，他先后帮助过2000多名农民工、300多农村剩余劳动力就业脱贫致富；不少农民工还成为村里致富奔小康的带头人。

## 职业绣娘陈云珍

### "传承羌绣技艺是我职责所在"

"陈云珍不仅绣出了羌绣的精美艳丽，更绣出了羌族史的沧桑、羌文化的灿烂，绣出震后羌族百姓的新生。"这是现就职于北川羌族自治县保通职业培训学校、从事羌绣技艺教学工作的陈云珍参加一次羌绣大赛时评委对她的评价。

作为四川省羌绣非物质文化遗产传承人，陈云珍37岁才走出羌寨，到新县城打拼。7个年头，这个仅有初中文化的农民，凭借一双巧手和一份对传承民族技艺的热情走进了羌绣的殿堂。

聊起羌绣，陈云珍说，这来自于从小母亲与祖母的教诲。"羌族女性从小就要接受长辈的训授学习绣花。这是羌族人传统的风俗习惯。是母亲教会我怎样设计、怎样裁剪羌服、怎样选料配料、怎样制作羌服的，也是她让我懂得了一剪二裁三绣鞋的羌绣原理。"

带着那份对羌绣的热爱与执着，2009年陈云珍决定告别"田园生活"，到城里做职业绣娘。她的手艺得到老板和顾客的赞赏，很快便在圈里出了名。随即，陈云珍加入县里的羌绣协会，学着做起羌绣手工艺品。在前辈们的引导下，陈云珍因绣品画面清丽明快、题材丰富多样、图案秀丽生动而倍受游客青睐。

除了羌绣作品得到市场认可，陈云珍的羌绣技艺也获得高度评价，获得羌绣高级技师证书和国家羌绣技能考评员证书，2014 年还参加了《手绣制作工——羌绣》初中高级教材的编审工作。

目前，陈云珍已成为一个能绘、能画、能剪、能裁、能织、能绣的羌绣技艺能手。收获了成绩和荣誉的陈云珍没有一味地去追逐自身利益最大化，而是将更多的精力和心思用在羌绣技艺的传承上，"这是我作为非遗传承人的职责所在。"几年来，陈云珍先后传授和培训羌绣学员 1000 余人，既传承了民族技艺，又使更多的人找到就业门路，特别是让许多妇女和残疾人实现了居家灵活就业。

（本报记者 李心萍 《人民日报》2016 年 02 月 04 日第 06 版）

中国十九冶集团公司高级技师周树春

# 焊花飞溅写青春

2015年8月，我国在第四十三届世界技能大赛上实现金牌零的突破。当参赛选手曾正超在焊接项目中夺魁时，他的教练、国家级焊接技能大师周树春在一旁不禁流下了热泪。

周树春，在我国冶金行业焊接领域可谓大名鼎鼎。刚刚年过40岁就连续三届带领中国队出战世界技能大赛，周树春的实力也毋庸置疑。

想当年，周树春也曾是个生涩稚嫩的学徒青工。18岁刚到中冶集团十九冶公司上班的第一天，周树春面对从未见过的机械构件，感到茫然无措，甚至连电机的电流都调不准。但这个小伙子身上有股不服输的劲头。打那起，他白天忙工作、晚上学理论，誓做一名技术过硬、理论扎实的现代工人。多年来，他自学并熟读了《管道焊接技术》《焊接热过程与熔池形态》等几十本专业书籍，读书笔记多达数十万字；先后掌握了12种国际国内前沿焊接技术，并提炼总结出13种焊接操作方法。

实战是检验技术能力的最好舞台。成都东二环改造、孟加拉工程、越南河静项目……中冶集团的许多施工项目中都留下了周树春带领团队攻坚克难的美名。周树春的美名还传到了海外。在巴布亚新几内亚瑞木镍钴矿浆管道铺设工程中，面对地形复杂、高温多雨等难题，作为焊接负责人的他通过数百次实验，精确计算出焊接电流电压、焊接速度、送丝速度、焊丝伸出长度等参数，成功创造出X60管线钢焊接新工艺，将矿浆管道每道焊口的焊接时间由 3 小时缩至 40 分钟。这一技术还填补了国内空白。

当国家和企业需要周树春承担培养技术人才的重任时，他欣然接受。多年来，经周树春培养出的 200 余名焊工，大都取得了高级工以上职业资格；他带队参加国家级、省级比赛成绩斐然，夺得金银牌 20 余块。

第四十三届世界技能大赛是周树春第三次带队集训，但在最后冲刺的关键阶段，他被诊断出甲状腺肿瘤。经过集训基地领导多次沟通协调，不愿耽误集训的周树春才最终同意手术。住院期间，他心里还一直牵挂着选手，不时通过手机登录监控系统观看训练，并与选手电话沟通。身体刚一好转，就又站到了集训车间。

"全国青年岗位能手""全国技术能手""全国五一劳动奖章"，第四十一届、四十二届、四十三届"世界技能大赛突出贡献个人"，享受国务院特殊津贴……20 多年来，周树春勤勉努力、追求卓越、勇攀高峰，用手中的焊枪，谱写下青春的激扬舞曲。眼下，收获众多荣誉的他丝毫没有停歇，转身又投入到下一届大赛的培训中去了……

（本报记者 刘志强 《人民日报》2015 年 12 月 10 日第 09 版）

北京卫星制造厂郝春雨

# 守望夜空里的中国之星

一身简单的工装，乌黑的头发打理得整整齐齐，刚刚 40 岁出头的郝春雨，眼神中透着常人少有的沉稳和坚毅。

从一个懵懂少女，到航天电装领域的领军人物，过去 20 多年，她出色完成一次次急难险重任务，用信念和技艺守卫夜空中那些闪亮的中国之星。这些成就来自无数个日夜的勤奋钻研，更源于儿时便燃烧着的航天梦想。

航天器电缆网络相当于人的神经网，对航天器的运行至关重要，电装工作不仅考验耐心和信心，也考验知识和经验，为加快提升业务水平，郝春雨付出了常人难以想象的努力。

回忆起年轻时第一次接到任务的情形,她说:"一个普通的微量泵机箱,就不知拆装了多少次,老是出错,还划破了手。"要强的个性让她钻在车间里 10 多天,反复研究练习,终于出色完成了任务。为了弥补知识不足,她利用业余时间刻苦学习,使自己业务技能水平快速提升。

2004 年 9 月，我国研制的某型卫星在整星电测时出现故障，若不及时排除将直接影响卫星发射时间。郝春雨接到通知后，连夜赶到发射基地。专家研究后发现，必须将卫星上仪器对接的电缆增加一根并联导线进行接地处理，这是最快的解决办法。

但是当时卫星仪器都已经安装到位，操作空间狭小，烙铁不能带电操作，操作中的任何一个微小失误都可能带来严重的后果。处于整星测试状态的卫星，放在两三米高的测试台上，只能悬空进行焊接，不仅难度极高，而且十分危险。郝春雨迎难而上，凭借多年磨砺的过人技能和心理素质，将电缆与插头稳稳地焊接到了一起，周边的舱板毫发无伤，没有一点多余物体掉入卫星。

27 岁时郝春雨被破格评为青年技师，28 岁成为航天科技集团公司五院最年轻的中青年技能接班人，33 岁被评为高级技师。多年来，她先后承担了遥感、通信、资源、"神舟"飞船等 30 多颗卫星、飞船相关设备的研制任务。

如今，担任北京卫星制造厂电子装联中心电装组组长的郝春雨，已成为电装领域的领军人物。在我国通信系列卫星应用中，某型号数据总线曾经长期依赖进口，不仅大大增加了卫星研制成本，也严重制约了卫星的研制进度。从"神舟"飞船研制开始，郝春雨作为攻关组主要成员就承担了总线电缆国产化任务。她带领团队不断实践摸索，成功解决工艺可靠性难题，顺利实现批量化生产，并将加工时间从 2 个多月缩短到 10 天左右，完成了国产化任务。

凭借出色的表现，她先后获中华技能大奖、全国技术能手、航天技能大奖等一系列荣誉称号，所在的车间也被评为了全国"三八"红旗集体。

回顾过去 20 多年的成长和荣誉，她说："我只是千万平凡操作岗位上的一名普通工人，忠实履行自己的职责，做自己该做的事。"或许，正是这种简单而朴素的信念，成为她为祖国航天事业"守望星空"的力量源泉，推动她一步步取得今天的成绩。

（据新华社北京电 记者李萌）

（《人民日报》2015 年 12 月 03 日第 09 版）

# 永远保持归零的状态

## ——记吉利集团路桥公司装调工吕义聪

"天道酬勤"这句话用在浙江吉利集团路桥公司装调工吕义聪身上，再恰切不过了：一台车，有300—400条不同颜色的线，他能清晰说出每根线的功能；大小零件上万个，发生故障原因有2000多种，他能通过耳听、手摸，马上找到病灶。

2007年1月，公司的284辆出口车在调试中有40辆行驶时有异响。如不及时排除，不仅会给公司带来1000多万元损失，也会对公司的声誉造成重创。领导急坏了，动用了公司所有技术人员，更换了所有能更换的零件，但响声依旧。就在大家一筹莫展的当口，青年工人吕义聪轻声说："让我来试试。"

在人们疑惑的目光中，他跨进驾驶室，缓缓启动汽车，全神贯注捕捉着行驶中的每一个杂音。半个小时后，他回到现场，肯定地说："是动力转向液壶和发动机怠速控制阀有问题。"专家一测，果真如此——动力转向液壶由于天气冷造成塑料件变硬，与发动机怠速控制阀摩擦产生异响。

"书痴者文必工，艺痴者技必良"。吕义聪有这等本事，与他对车的"痴迷"有关。1983年10月生于安徽滁州农村的吕义聪，很早便父母双亡。高中毕业后，他离开老家投奔远嫁台州的姑姑。2004年5月，进吉利集团路桥公司打工。

刚开始，吕义聪被安排在生产线上做装配工。这是最基础的工种。吕义聪明白，自己学历低，要想得到认可，必须加倍努力。利用工余时间，他自学汽车的每一道工序。他的床头贴满了各式各样的汽车原理图，床边堆满了各类汽车书籍。为了多学技术，下班后他常常一个人钻进成品车里研究汽车故障，一钻就是几个小时。碰到技术难题，他会一遍一遍向老技师请教，并把处置办法详尽记录下来。汽车行业技术含量高，尽管只是个装配工，他对各种新款车型的结构、性能和工艺都了如指掌。

很快他便能独当一面。下线车辆别人解决不了的故障，交给他便迎刃而解；零配件发生质量问题，他是义务咨询顾问。吕义聪成了公司小有名气的技术能手，很快便从装配工被"提拔"为整车调试员。

吕义聪没有就此满足，钻研劲头更足。2005年10月，全国第二届汽车装调工大赛，吕义聪一路过关，获得二等奖；2007年10月，吕义聪再次站在全国第三届汽车装调工职业技能大赛的决赛场，与吉利、上汽、奇瑞等6大汽车生产集团及旗下数十家企业的140名顶尖高手同场竞技。凭着过硬的本领，吕义聪在规定的25分钟内，顺利解决了6个隐蔽性极强的故障，以绝对优势夺得第一名。

有了顶尖技能，吕义聪又在琢磨着怎样转化成生产力。截至目前，他已经拥有50多项技术创新成果，其中"变速器油封装配工具""空调制冷系统效果提升装置"获国家专利。

在公司支持下，2008年10月，以吕义聪名字命名的创新工作室成立，他带领团队1年完成60余项改善项目，直接效益760万元。他编写的《金刚电器排故手册》成为吉利公司培训新员工的"教科书"。

"中国青年五四奖章""全国技术能手""全国劳动模范"……一项项荣誉接踵而至。2013年的"五四"青年节，吕义聪受到中共中央总书记习近平的亲切接见。

面对这一切，吕义聪没有飘飘然。"永怀感恩之心，保持归零状态。"他一遍遍叮咛自己：荣誉归零，成绩归零，只有不断归零，才能轻装上阵，青春之树才能永远葱茏！

（本报记者 王慧敏 《人民日报》2015 年 11 月 16 日第 09 版）

青岛港首席装卸工艺师皮进军

# 码头上的"点子大王"

全国劳动模范、全国五一劳动奖章、党的十八大代表……当19岁的农民工皮进军从沂蒙山区到青岛港务工时，这些是他想都不敢想的事。24年来，皮进军凭着不怕吃苦不怕流汗的拼命三郎精神，让梦想照进现实。

皮进军1991年从沂蒙山区到青岛港务工，他告诉记者："当时就是想着吃饱饭，再尽可能多挣点钱，贴补贴补家里。"

这位沂蒙汉子敢于吃苦，脏活、累活抢着干，苦活、难活用心干，很快便脱颖而出，成为装卸作业的行家里手。

散货灌包是港口主要工作之一。皮进军发现套袋、缝口和码钩环节衔接不当影响工作效率。为此，他和爱人缝制了40个布袋，摆在家里餐桌上，一遍遍推敲灌缝包操作和码钩技巧，还带到队里和工友一起模拟演练。

皮进军先后总结提炼了"捏、攥、拉、挤、塞、割"灌缝包六字工作法，"下腰、侧抓、扭身、借力、出手"五步快速码钩操作法和"套袋位置要准、出货频率要匀、缝口掐线要齐、搬包站位要稳、行走路线要直、回程速度要快"提效要领。

皮进军总结的方法在实际作业中得到应用后，每包货灌包用时由12秒降至9秒，一个班节省时间就可多干350吨。由此，青岛港（集团）有限公司大港分公司装卸二队创出了单班1369吨的生产新纪录。

"干活不能出蛮力，得会干、巧干、用心干，这和俺们庄户人干地里活一样。"皮进军说。

在铝矾土装车时，平整好 1 火车车厢需 3 个人干 15 至 20 分钟，费时费力。皮进军向公司建议制作平车机，得到公司支持后，他一有空就反复画图纸、做模型，经常半夜想起一个步骤，立即起床做笔记、查资料，不知不觉就到了天亮。

试机成功后，只要一按电钮，平 1 节车仅需 2 分半钟，公司一年可节约人工成本 200 万元。

入港 24 年，皮进军共提出各种合理化建议 400 多条，有 100 多条被采纳，职工们都叫他"点子大王"。2004 年，在青岛港首批以员工名字命名的品牌中，"进军灌装"是首个用农民工名字命名的品牌。随后，皮进军又接连创出了"进军装车""进军大件""进军冻鱼"等"进军"品牌系列，带动全港近万名农民工练就 2000 余项绝活，涌现出 1000 余个员工品牌。2011 年皮进军被青岛港聘为"首席装卸工艺师"。

近年来，皮进军带领的团队共创出和刷新青岛港生产纪录 150 余项，几乎包揽了公司单货种生产纪录。入港时的梦想早已实现，爱人和孩子已到青岛工作和上学，获得的荣誉和头衔也越来越多，但皮进军劳动者本色却一点没有褪去。每逢出差归队，他都立即脱下正装换工装，投入到繁忙的作业现场……

（据新华社青岛电　记者张旭东）

（《人民日报》2015 年 11 月 13 日第 06 版）

中国中铁电气化局集团一公司高级技师巨晓林

# 从农民工到技能大师

"为祖国铁路插上腾飞的翅膀，是我一生的梦想！"巨晓林是这样说的，也是这样做的。

从1987年成为中国中铁电气化局的一名农民工起，工作28年来，他共研发和革新工艺工法98项，创造经济效益900多万元；主编的《接触网施工经验和方法》，成为铁路一线接触网工的教科书。以关中汉子的坚韧与努力，他一步步成长为技术能手、高级技师、国家级技能大师、全国劳动模范。

1987年3月，巨晓林背着行李，踩着村道上厚厚的积雪，走出陕西省岐山县的小村庄。

铁路接触网是一个技术密集型工种。刚上班的时候，巨晓林看着一张张施工图纸和一堆堆叫不出名字的接触网零部件，啥都觉得新奇，啥都看不明白。

时任电气化局一公司三段副工长周永新鼓励他说："只要下苦功，没有学不会的！"巨晓林牢牢记住了这句话。

巨晓林有随手记笔记的习惯，许多名词或者零部件，师傅林鸿只要讲上一次，甚至是随口提上一次，他都马上掏出小本记下来。

"农民工也要懂技术，技术好就不会被淘汰。"这是巨晓林的心里话。经过两年多的勤学苦练，巨晓林成了一名合格的接触网工人。1989年夏天，北同蒲铁路施工接触网架线作业。这项工作每到一个悬挂点，都要有人肩扛电线爬上爬下，十分辛苦。巨晓林通过观察和测算，用一个铁丝套挂住滑轮试了试，能省不少劲儿。工班弟兄们按照这个办法架线，功效一下子提高了两倍。

从那时起，巨晓林迷上了工艺改进与创新。1998 年，哈大铁路电气化改造工程建设中，巨晓林发明了"下部固定绳临时悬吊法"，经专家组论证后，当即在全线推广；2006 年，迁曹铁路施工，巨晓林研究出了"正线任意取点平移法"，在还没铺好钢轨的情况下，就能确定接触网杆位置开始施工。

时速 350 公里的高铁施工和普通铁路施工相比，对工艺和标准的要求有很大区别，对于施工作业的要求变得异常精确和严格。巨晓林带领技术攻关团队，共发明改进了"支柱标高测量法""悬式绝缘子巧绑扎法"等10 项施工工艺工法，为安全优质建成京沪高铁作出了贡献。

2008 年，他将自己改进的多项工艺工法编成了两本书，和工友们共享。如今，巨晓林编写的《接触网施工经验和方法》第三册高铁篇已经成书，书中涵盖了共计 39 项工艺改进，所有工艺都在合福客专施工现场采用过。2012 年 2 月"巨晓林技能大师工作室"在电气化局一公司机关挂牌成立。3 年来，工作室共完成合理化建议 15 个，工艺工法改进 21 项，QC（质量管理）成果 2 项，国家专利 1 项，实现科技成果转化 500 余万元。

"北京市劳动模范""火车头奖章""第十届中华技能大奖""全国创先争优优秀共产党员"等各种荣誉接踵而来，2012 年 7 月 3 日，巨晓林当选为中共十八大代表。

"出了名"的巨晓林依然朴实。2015 年 3 月，巨晓林到北京参加电气化局的职代会，会议结束后他回到单位时，已经是中午快吃饭的时间了。但施工现场需要尽快运去两汽车坠砣。巨晓林把包一放，帆布手套一戴，和工友们一起装了一下午坠砣。一块坠砣 50 斤，搬运一下午，毕竟 50 多岁的人了，年龄不饶人，第二天腰就疼得直不起来。

面对荣誉，面对接连不断的鲜花与掌声，巨晓林却总是轻轻地一笑，说："荣誉都会过去……"

（本报记者 潘跃 《人民日报》2015 年 11 月 09 日第 06 版）

靠听声音就能诊断出汽车问题

# 车痴吕义聪

高明的医生有这样的本事：听筒往病人胸前一放，就知道五脏六腑的毛病。浙江吉利集团路桥公司装调工吕义聪，也有这种本事，不过他的对象不是病人，是汽车。

2007年1月，公司的284辆出口车调试中，有40辆车行驶时有异响。如不及时排除，不仅给公司带来1000多万元损失，对公司的声誉也会造成重创。领导急坏了，动用了公司所有技术人员，更换了不少零件，但响声依旧。

就在大家一筹莫展时，青年工人吕义聪轻声说："让我试试。"在疑惑的目光中，他跨进驾驶室启动了汽车，全神贯注捕捉着每一点声音。半个小时后，他回到现场，肯定地说："动力转向液壶和发动机怠速控制阀有问题。"后经测试，果真如此。吕义聪从此成了公司里的名人。

吕义聪有这等本事，绝非偶然。2004年5月，他进入了吉利集团路桥公司打工。刚开始，吕义聪被安排在生产线上做装配工，这是最基础的工种。吕义聪明白，自己学历低，要想拥有一片天地，必须付出加倍的努力。他利用工余时间，自学汽车的一道道工序，床头贴满了各式各样的汽车原理图，床边堆满了各类汽车书籍。为了多学技术，他常常一个人钻进成品车里研究汽车故障，一钻就是几个小时。碰到技术难题，他会一遍一遍向老技师请教，并把处置办法详尽记录下来。尽管只是个装配工，但他对各种新款车型的结构、性能和工艺，了如指掌。

天道酬勤，吕义聪很快就独当一面，成了公司的技术能手。2005年10月，全国第二届汽车装调工大赛，吕义聪一路过关，获得二等奖；2007年10月，吕义聪站在了全国第三届汽车装调工职业技能大赛的决赛场上，以绝对优势夺得第一名。

有了顶尖技能，吕义聪又在琢磨着怎样转化成生产力。目前，吕义聪已经拥有50多项技术创新成果，其中《变速器油封装配工具》《空调制冷系统效果提升装置》获国家专利。他将这些年在整车调试工作中积累的经验整理成册，编写了《金刚电器排故手册》，成为吉利公司新员工培训的教科书。

"中国青年五四奖章""全国技术能手""全国知识型职工标兵"，一个个光环飞向吕义聪时，他却很清醒，一转身坐进了测试平台。

（本报记者 王慧敏 《人民日报》2015年06月29日第09版）

王偏初偏远山区任教十九年

# 甘为古寨"掌灯人"

从成都坐一整夜火车，然后转长途大巴颠簸一整天，再驱车西进，翻越两座海拔4000多米的山梁，途经十多个乡镇，总算到达王偏初所在的俄亚乡。这位皮肤黝黑的汉子，在这里已任教19年。

俄亚乡是纳西族古寨，2011年12月前不通公路，信息闭塞。作为这里第一个考上师范院校的"高材生"，王偏初没有选择大城市的工作。从小的经历让他深知家乡孩子求学的艰难，从考上师范学校的那一刻起，他心中就植根了一个梦想：毕业后，一定要回到俄亚小学，去帮助那些渴望走出大山的孩子实现求学梦。

初到俄亚小学，王偏初担任四年级班主任，同时兼任学校大队辅导员。"当时学校只有73个孩子，我的班上才9个学生。"据他回忆，那时，学生因贫辍学是常事，班主任的一项重要工作就是挨家挨户劝说，把学生领回教室。一次，他走了一天的山路赶到一名学生家，孩子母亲当场哭诉："家里连盐都买不起，实在没办法送孩子上学。"王偏初心里难受，掏出身上仅有的几十元钱塞到她手中。以后每学期，他都会从微薄的工资中挤出一点来接济班里的贫困学生。

俄亚乡被重重高山和条条大河环绕，道路崎岖，通公路以前，人们仅靠一条祖祖辈辈在悬崖峭壁、深涧谷底间开凿出的"通天"步道出乡。要到县城必须天不亮就出门，先在杂草丛生的山中小道攀爬两天，借助溜索跨过四五条大河，骑马翻越几座大山。在这样的环境中，王偏初执教 19 年间所走的路程超过了 12 万公里。

"苦中也要作乐，不能让孩子们觉得学习太枯燥。"王偏初从师范院校学到的教学知识派上了用场：艰难的条件下，他想尽办法丰富学生的课外生活，坚持每周组织一次班团活动，每月一次大队活动，并组建校国旗队。为了让儿童节过得有意义，他带着全校师生设计、排练节目，使"六一文艺晚会"成为俄亚小学每年的保留节目。晚会上，家长吉姆阿呷看着自己孩子的笑脸，从此逢人便夸赞"王老师是古寨的掌灯人，孩子跟着他不会错"。于是，王偏初"掌灯人"的美名传开了。

2000 年 4 月，王偏初急性阑尾炎发作，乡卫生院医生劝他到条件好的医院做手术，但他所教的班级正处于毕业之际，便拒绝了旁人劝说，要求医生加大剂量消炎，学生们毕业放假后，他才去县城做手术。"什么都能耽误，就是不能耽误学生。"回忆起当时的情形，虽有些后怕，但他从未后悔。

"大的硬件设施改变不了，小的方面总可以做点事。"这是王偏初常说的一句话。他从改善学校基础条件入手，建立存书达 12000 多册的图书室，并从教育局争取资金购买课桌、钢架床、冰柜等，极力改善办学条件。全校师生饮水问题曾常年困扰王偏初，没有自来水，师生们只好饮用浑浊的河水。王偏初多次协调当地企业帮忙寻找水源，终于为学校建立了充足可靠的干净水源。

如今，俄亚小学面貌一新：操场、教室干净整洁，窗台、围墙上花草吐翠。就餐时，孩子们分班依次排队，秩序井然。办公室内，各种档案摆放整齐，墙上规章制度详尽清晰，狭窄破旧的校舍即将得到改扩建，学生人数也增加到 800 多人。

更令王偏初欣慰的是，他教过的学生杜基扎西和瓜祖，现在也回到了俄亚小学任教。"几度风雨几度春秋，风霜雪雨搏激流……"空闲时，王偏初常常哼起这首歌。2015年5月，他荣获第十九届"中国青年五四奖章"，面对荣誉，他表示将继续行走在深爱的家乡土地上，为更多想走出大山的孩子当好"掌灯人"。

（本报记者 张文 《人民日报》2015年05月20日第09版）

### 北京地坛医院护士长王克荣

# 为"艾"服务十八载

目光真挚、话语轻柔、两个深深的酒窝，52岁的王克荣给人的第一感觉就像邻家大姐。"我的工作就是为艾滋病病人提供帮助和服务。"作为首都医科大学附属北京地坛医院红丝带之家的护士长，王克荣每天都要与艾滋病"零距离"，一晃已经18年。

### 从恐惧到"脱敏"

1984年，王克荣从北京护士学校毕业后分配到北京市第一传染病医院，也即现在的北京地坛医院。勤奋努力的她很快当上了护士长。1997年，王克荣所在病房开始收治艾滋病病人，山西的老李是她接触的第一个艾滋病病人。"当时大家对艾滋病比较恐惧，每次进病房都会'全副武装'。"

慢慢地，王克荣"脱敏"了："艾滋病只有性接触传播、血液传播、母婴传播三种途径，其他的方式都不会传播。"

18年间，王克荣接触的艾滋病患者不计其数，老许是让她最难忘的一个。"我曾被艾滋病患者咬过。"王克荣说，老许就是那个咬她的人。

老许与其他病人不同，晚期诱发了癫痫。2004年的一天，老许在从医院回家的路上突发癫痫，咬破了舌头。

"家属说患者满嘴是血，我当时就带了两层手套。"王克荣说，为了防止老许窒息，必须给他嘴里放置牙垫。尽管非常小心，她的手套还是被咬破，满是鲜血。

事后，王克荣没有声张，找了一处流动水进行冲洗。当发现手指上只有深深牙印，并没有破损时，她再次投入了救护工作。

现在的老许已是北京红丝带之家的"同伴教育员"，虽然经常见面，但王克荣从不提起当年被咬的事，"怕他知道后心里有负担。"

"现在只要早发现、早治疗，大部分艾滋病患者的寿命跟一般人差不多。"王克荣说，"艾滋病其实没那么可怕。"

### 家人也成了志愿者

一直以来，艾滋病患者往往承受着来自社会、家庭等各个方面的压力。"心理上的痛苦远比疾病本身更可怕。"王克荣说。

为了减轻艾滋病患者的心理压力，王克荣想了许多办法，她和同事们通过郊游、座谈会、聚餐等活动，让患者放松心情，同时相互交流自己的疾病感受。一次聚餐时，患者小李指着自己的饭盒说："护士长，我不吃肉。"王克荣没有犹豫，夹起小李饭盒里的肉放进自己嘴里。小李一下惊呆了："我家人都做不到。"

为了让艾滋病患者随时感受到红丝带的温暖，在王克荣的手机里存了700多个艾滋病患者的电话，她还开通了微信、微博等，随时为他们答疑解惑抚慰心灵。"自己能力再大也是微小的。"王克荣说，"要让更多的人加入到艾滋病防治工作中。"

在她的影响下，丈夫、女儿都成了艾滋病工作志愿者，她还和同事们一起走进高校、社区、建筑工地进行艾滋病防治宣传。18年来，她的足迹遍及14个省份，培训艾滋病基层护理人员近万人。

由于王克荣在艾滋病护理和人文关怀方面作出的突出贡献，2004年她成为中国第一位荣获贝利·马丁奖的护士，2013年荣获了南丁格尔奖。2015年，她第二次被评为"全国先进工作者"。

（本报记者 王昊男 《人民日报》2015年05月14日第08版）

洪都航空"铣工王"马跃辉

# 做精雕细琢的劳动者

透过数控加工设备观察窗，机械手顺畅更换钻头后，钻孔定位瞬间确定，几股高压水流伴随着不断深入的钻头，短短几分钟便完成钻孔。工件旋转定位后，紧接着进行下道工序。

江西洪都航空工业股份有限公司钳焊液压附件厂车间里，听不到刺耳的噪音，闻不到呛人的粉尘。操控着世界先进的数控车铣复合机床的全国劳模马跃辉自豪地说："工业 4.0 时代，解放了体力，提高了效率，但更考验精细操控。"

## 门外汉蜕变为"铣工王"

1992 年，马跃辉退伍后分配到洪都航空工作。"刚进厂时，我看见还真有削铁如泥的刀具，感到非常震惊。也许是好奇心，使我对这一行产生了浓厚兴趣。"马跃辉说。

"铣床的特点是刀具不动、工件移动，关键点是对工件进行装夹固定。遇到特殊复杂零件，还得想办法自制装夹工具。"说起铣工专业，马跃辉侃侃而谈。

工友眼里，马跃辉头脑里似乎装有神奇的集成芯片，总能冒出好点子解决"拦路虎"。1992 年从零基础开始，2006 年被评为铣工高级技师，14 年间马跃辉评定技师和高级技师时，因技能优异两次"破格"。

理论结合实践，这是马跃辉的诀窍。从首批手动铣工，到首台数控铣床，再到首批数控车铣复合机床，马跃辉不断升级铣工最新知识，他还学习车工、钳工等专业工种知识，以提高数控复合设备操控技能。马跃辉表示，中文操作界面挺人性化，但有英文基础发展会更好，今后还要努力学习专业英文。

### 攻关创新的劳模工作室

马跃辉劳模创新工作室内，展示着相同设计下的某款圆筒形零件，手工机床加工的零件表面粗糙，线条不流畅；而数控机床加工的则表面光洁，弧度流畅。

"老工艺需要30多道流程，多次夹装；而新工艺两步到位，品质大幅提升，生产效率提高好几倍。"数控设备工艺技术员闵璐介绍，这都是工作室团队攻关创新的成果。

2013年3月，马跃辉劳模创新工作室创建挂牌。马跃辉是工作室带头人，12名成员来自分厂各专业，通过积极开展"技师上讲台""导师带徒"等活动，加速培养青年技术骨干，解决实际生产中一批急难问题。近两年来，马跃辉提出技术革新和合理化建议240条，创造直接经济价值110余万元。

马跃辉表示，设备越是先进，越需要精雕细琢的人。工作室近年来主动接触前沿技术应用，积极学习，总结出多项提高零件加工效率的方法，部分技术逐步在一线技能常规零件生产中得到应用。

（本报记者 魏本貌 《人民日报》2015年05月11日第08版）

中科院院士杨小牛

# 用 "牛劲" 攀登科研高峰

　　首次提出并成功研制国内第一台宽带数字接收机, 首次提出低截获概率信号拼接解调方案, 首次提出离散梳状谱干扰理论及其峰平比优化算法, 首次提出软件无线电中的带通采样和盲区采样定理……

　　中国工程院院士、中国电子科技集团公司首席科学家杨小牛, 中国电科三十六所建所 35 年来首位院士, 4 次踏上人民大会堂领奖台, 5 次受到党和国家领导人的亲切接见。

　　"科研是我最热爱的工作, 希望自己能在这条路上越走越远, 让梦想不断向前延伸。"1982 年, 杨小牛刚从西安电子科技大学毕业, 来到中国电科三十六所从事特种通信技术的科研工作。当时, 国内刚开始特种通信专业领域的研究, 比发达国家落后了整整 30 年。

　　"只有不断追赶, 才能缩短与世界发达国家的差距。"杨小牛拿出牛一般的韧劲, 开始摸索单片机的应用开发, 短时间内就成功提出高速数字信号处理算法、研制 TMS320C25C30 信号处理开发、攻克低截获概率信号接收的重大技术难题。

　　之后, 杨小牛取得一系列重大成就: 我国首次研制成功宽带数字接收机, 所采用的多信道并行快速傅里叶变换 FFT 处理技术达到国际领先水平; 在此基础上研制的某国防电子信息系统获 2000 年度国家科技进步一等奖; 2003 年 12 月 30 日, 一个由多种站型、数十辆迷彩车和数架无人机组成的某国防重点工程项目顺利完成大系统联试和设计定型试验后接受检阅，该项目获 2005 年国防科技工业武器装备型号研制银质奖、2006 年国家科技进步二等奖，杨小牛荣立个人一等功。

在科研和创新的道路上，杨小牛永不停步。"电子情报侦察大数据架构"是杨小牛最新提出的创新技术。2014 年，他带领院士创新团队攻关，"早上八点前到办公室，中午在食堂吃个盒饭后接着干。晚上回家吃完饭还要回所里加班。"

"每当要攻克一项技术，他就变得食不甘味，心思全部放在破题上，满脑子想的都是技术方面的事情。"妻子俞书峰对此已是见怪不怪。

杨小牛认为，作为创新性研究，最重要的是培养团队队员对科研的热爱和钻研精神。由他策划并发起的专家学术报告会，已成为中国电科三十六所的文化品牌。不少技术专家积极参与，青年技术人员踊跃聆听，了解学科最前沿的技术理论，拓展学术视野，越来越多的年轻技术骨干茁壮成长。经他言传身教和悉心培养，2 名骨干进入所级领导岗位，3 名骨干成为集团首席专家，10 多名骨干挑起大项目总设计师大梁，培养硕士、博士（后）30 余名。

工作的忙碌，让杨小牛很难有个人时间，但他尽可能不在亲情、友情方面"缺席"。"这个娃子好，是个有人情味的科学家。"高中语文老师邱锡贵说起杨小牛赞不绝口。当年，有个叫友富的小伙伴常帮着杨小牛打猪草、挑水，两人关系很好。友富的儿子结婚，邀请杨小牛来赴宴，不曾想杨小牛真的来了，还专门来看望友富和老伴。长期全身心扑在科研上，杨小牛几乎没时间照顾家里。"爱人为我付出了很多，感谢家人的支持和理解。"让杨小牛欣慰的是，女儿报考了他的母校——西安电子科技大学。当女儿在美国硕士毕业时，他特意抽时间赶去参加了毕业典礼。

说起今后的打算，杨小牛很坚定：不遗余力地在国防科研道路上奋力前行。

（本报记者 顾春 《人民日报》2015 年 05 月 08 日第 09 版）

安徽省黟县红光村党支部书记金玉琴

# 带领村庄实现美丽蝶变

"一个少数民族女孩远嫁过来，办工厂办林场，带着大家致富，不容易。"安徽黄山黟县红光村村民汤文明说，金玉琴自从当上村支部书记，开着自己的车为大伙办事。

全国劳动模范金玉琴是党的十八大代表，曾先后荣获黄山市劳动模范、安徽省劳动模范、全国妇女"双学双比"女能手、"中国诚实守信好人"等称号。

1992年，贵州布依族女孩金玉琴嫁到红光村，成为"徽州媳妇"。"刚嫁过来时，听不懂黟县话，怕见人连招呼都不敢打。"回忆过去，金玉琴眨着大眼睛，"是村民的善意，让我迅速融入这里的生活，我就想有机会一定要报答她们。"

机会不期而至。1998年，原有的村办企业木制品加工厂，因经营不善倒闭。"红光村林业资源丰富，只要转变旧观念和管理模式，一定能让厂子起死回生。"金玉琴说服丈夫和公婆，自筹10万元资金，把厂子盘了过来。企业从创建之初的不足10人发展到今天拥有员工几十人、固定资产500万元的现代企业，产品远销韩国、澳大利亚和江、浙、沪及本省周边地区。

企业的迅速发展给金玉琴带来了财富和光环，但她并没有忘记办厂初衷、企业责任。每次招工都优先招收家庭困难户、少数民族和残疾村民。

金玉琴兴建了员工宿舍和食堂，员工年收入人均近两万元。公司在村里收购的木材单价比市场价高出 50 元左右，仅此一项全村村民人均增收 200元。金玉琴通过林权流转创办综合林场，完成混交经济林营造和次生林改造 2636 亩，探索"企业 + 基地 + 农户"的林业产业化路子。

自家富带动乡亲富，金玉琴赢得村民的信任和拥戴。2008 年，她被选为村党支部委员，2011 年，村"两委"换届，一心想着带领村民致富的"外嫁女"，当选村党支部书记。

上任伊始，居住在汤村河边的汤元平、王培煌等村民，希望金玉琴帮他们修路建桥，改变原来要扛要背的生产方式。修路建桥最少要投入 100万元，金玉琴利用一切机会向有关部门争取资金，并请来相关规划建设专家，多方论证设计环村道路。由于建设资金需求太大，金玉琴决定分段实施。如今环村道路全面竣工，不仅方便了村民出行，还有利于村民开发利用黄家坞的 1000 多亩山场。

金玉琴全力以赴做好村支书。4 年来，硬化两条村组道路、新建两条林区道路，实施饮水工程，解决 80% 以上村民饮水安全问题；依托金元生态农业发展有限公司，将黄山黑鸡分散到农户家饲养，然后由公司统一收购，帮助近百户村民增收；引导农户发展笋竹两用林、进行笋干加工……如今，红光村从一个经济基础较为薄弱的村发展成为远近闻名的"笋干加工专业村""特色种养殖专业村"。

"原来村子脏乱差，到处是垃圾。"金玉琴带领村民实施村庄整治工程，组织群众投工投劳开展河道清淤、垃圾清理等活动，推进农村生活垃圾集中处理项目，建立户分类、村收集、乡处理的垃圾处理机制，建造农村便民水埠头，完成村主要干线亮化工程以及危房改造项目，进一步改善了群众生活居住条件，实现村庄环境美丽蝶变。

（本报记者 何聪 《人民日报》2015 年 05 月 07 日第 09 版）

渤钢集团钢管公司电气师李刚

# "土师傅"带出"洋徒弟"

2015年庆"五一"全国劳模表彰大会上，天津渤海钢铁集团钢管公司管加工部主任电气师李刚，再次当选全国劳模。

就在领奖前几天，他刚从渤钢集团美国工厂项目处回国，这是迄今为止我国制造业在美国最大的绿地投资项目，李刚把中国蓝领工人过硬的技术带到了国际前台。

## "手到病除"的"电气华佗"

李刚46岁，25年的一线工作经历，让他成长为一名高级技师，成为掌握国际顶尖技术的新时代产业工人。

他至今记得，刚参加工作时，公司从国外引进了一组一流水平的成套设备，可来调测设备的外国专家每次都严格限制中方人员参与，只为保守技术秘密。李刚一边主动干脏活累活，一边跟着外国专家"偷师学艺"，记了十几本工作笔记，还靠自学跨过了英语和计算机这两道"门槛"，练出一手电气设备故障手到病除的绝活儿，以至钢管公司的同事们给李刚起了个亲切的绰号"电气华佗"。

近几年，石油行业对管材性能的要求越来越高，尤其是尖端特殊扣套管需求很大，但因产能落后，长期以来只能依靠高价进口。李刚带领团队潜心研究、反复攻关，自主编写电气控制软件，根据工艺要求开发出特殊扣石油套管拧接技术。与国外系统相比不仅功能增加、操作简便，而且使特殊扣石油套管成材率大幅提高，月产量由 5000 吨提高到 3 万吨以上，打破了垄断，满足了我国石油工业的发展需要，这项技术也获得全国冶金行业职工技术创新成果一等奖。

多年来，李刚带领他的团队围绕电气设备难点承担了 15 项重点攻关项目，主持完成了 100 多项行业领先的技术难题，为企业创效近亿元，并获得国家发明专利一项。

### 在大洋彼岸带出"洋徒弟"

李刚所在的钢管公司是世界上单厂规模最大、生产线最多、品种规格最全的无缝钢管生产企业，随着近几年中企"走出去"的步伐加快，钢管公司也在美国建厂。作为技术骨干，李刚不仅参与了技术谈判、工艺设计和设备选型，还被派往美国参与项目建设。

刚到美国，李刚和同事们就遇到一个大难题，现场的热处理接触水循环系统无法实现自动控制，人工操作又会影响生产，大家一筹莫展。经过一个多月的研究，李刚自己动手，不仅实现了液位的自动控制，还设计了无线监控水循环系统，保证了热处理生产顺行。随后，李刚又解决了 20 多项主要设备问题。"每解决一个问题都特别有成就感，因为我们代表着中国工人。"

在参与公司美国项目建设期间，李刚不但多次解决设备技术难题，还培养出不少"洋徒弟"，成了当地工人口中的"Model 李"。2014 年，"李刚劳模创新工作室"被中华全国总工会命名为全国示范性劳模创新工作室。李刚把自己日常积累的故障处理和技改实践经验整理成 471 条技术诀窍，并编制成册推广应用，还制作了 50 多万字的幻灯片，举办技术培训百余次，带出了 100 多名徒弟，培养出 30 名优秀班组长，一大批技术骨干成为国内钢管领域的技术尖子。

（本报记者 靳博 《人民日报》2015 年 05 月 06 日第 09 版）

上海电气液压气动工段长李斌

# "创新，工人也有大作为"

　　李斌第四次当选全国劳模！这个上海电气液压气动有限公司液压泵厂数控工段工段长，1980年进厂时仅仅是个技校学生，如今已经成为高级技师、高级工程师，成为上海工人的一面旗帜，成为众多新生代工人的榜样。

　　面对众多的荣誉，李斌很平和。他对记者感叹：一线工人是创新的基础，只要脚踏实地，也能大有作为，成就梦想。

### 管理模式创新：5年开发85项新产品

　　李斌的创新成果不胜枚举。

　　李斌在近5年时间里，通过创建"李斌数控工作室"、成立通过市级技术中心认定的"李斌技术中心"和技术中心中试车间"三位一体"，形成了一个大的创新团队。在技术创新、技术攻关和管理创新的推动下，李斌带领他的团队攻克了一个又一个技术难关，创新了一个又一个管理模式。

　　在技术管理上，李斌及其团队推行项目制，他主持制订了完善的《项目管理制度》，通过项目管理流程，对项目策划、项目立项、立项评审、项目实施、项目控制、项目鉴定、鉴定考核等进行了详细的规定，确保项目实施后符合顾客和市场的需求；编制实施计划，把工作内容和要求，列入创新与攻关体系中，保证了项目能够按照实施计划有效进行。

　　通过创新管理模式和技术攻关，近5年来李斌技术中心及李斌数控技术工作室共完成新产品开发项目85项，新申报的专利146项，授权65项，其中李斌个人专利 40 项，成为上海市专利试点企业。

李斌带领他的团队还主动承担了"高压轴向柱塞泵马达国产化关键技术"的重点攻关项目，突破了 11 个关键技术难点，打通了产品技术上的瓶颈，使产品从强度、精度、耐磨性、装配复原性等技术指标上，完全达到了进口部件的技术性能，并形成了批量生产能力。项目的攻关成功，使企业的产品从性能到价格极具市场竞争力，从此打开了工程机械的高端市场，取得了良好的经济效益。同时，产品打破了国外垄断，引领我国产品行业技术提升起到重要作用。

### 工程技术创新：从技术人员到一线工人

一线工人为何也要参与技术创新？李斌说：创新不仅仅是工程技术人员的事，也需要一线工人的配合。许多技术创新只有与一线生产紧密配合，才可能使创新的设想完美实现。李斌以为，没有十全十美的设计，每个设计都需要解决许多瓶颈问题，才能变成好的产品。

正是基于这样的思考，李斌不仅自己在创新上争先，也不断带领更多工人一起参与创新。

李斌带领他的团队通过技术创新、技术攻关活动取得了良好的经济效益及社会效益和辐射效应。按近 3 年统计，项目平均每年销售收入超过 6000 万元，累计新增销售收入合计超过 1.8 亿元，毛利率平均为 35.7%。更重要的是，通过国产化关键技术攻关，使我国真正拥有国际先进的液压元件制造技术，打破国外技术垄断，实现高端液压元件的全面国产化。

李斌通过项目的带动，对企业人才培养与成长产生积极影响。李斌工作室因为优秀的成绩，也获得诸多荣誉，李斌由一个人创新、一个人当模范，变成了一群人创新、一群人成模范。

（本报记者 谢卫群 《人民日报》2015 年 05 月 06 日第 09 版）

长江黄金水道的守护者李红勇

# 一生做好一件事

"我的梦想就在长江，就在长江航道。"

李红勇，长江重庆航道工程局的航道整治专家，国内水下钻爆领域的领军人物。30多年来，他以整治内河航道、维护长江航道畅通为使命，主持或参与了长江、乌江、清江、湄公河等近百处碍航滩险的航道整治，不懈地践行着自己的梦想。

## 挑战"不可能的任务"

在困难与责任面前，李红勇确实勇于担当。

2013年，重庆市果园港集装箱码头工程开港在即，一道近距离控制爆破的施工难题，摆在了李红勇面前。爆破点与刚建成的高桩码头之间，最近距离不过5米。计算出一点错误、施工有一点马虎，都可能毁掉刚刚建好的码头。

在超高难度的挑战面前，李红勇再一次挺身而出，无数次地察看现场和施工图纸，并一次次地计算。孔排距、爆破厚度、装药量……每一项指标都被李红勇计划得刚刚好；延时爆破、分层爆破、爆破监测……每一道工序都控制得严格准确。施工任务圆满完成，所有人都松了一口气。

## 依靠创新扫除障碍、优化方案

1999年12月，长江三峡工程永久船闸通航的关键阶段。这时，长江三峡开发总公司发现，必须对近在咫尺且已完工的箱涵口实施水下爆破开挖。

在临近箱涵出口5米的距离进行控制爆破，形象地说，爆炸5米外的水击波，不能超过用手指戳破一张白纸的力度。

李红勇查阅了大量技术资料，和技术人员反复试验。最后，他创造性地设计了水下气泡维幕装置进行防护，采用分层爆破、延时毫秒控制爆破技术，有效降低了水击波压力。

长江拦江矶航道炸礁工程位于长江下游，炸礁工程量46万立方米，是长江航道整治史上单滩工程量最大的水下炸礁工程。工程开工前，李红勇和几个技术员一起对设计资料和施工现场的地质条件进行了全面分析。

在此后的开挖试验中，李红勇发现，1米和1.5米超深区的爆破开挖效果几乎一样。少钻0.5米，既可以节约人力物力，还可以缩短工期。在拦江矶施工时，李红勇通过精细化管理和方案的不断优化，保质保量地完成了施工任务，而且节约炸药近70吨，产生直接经济效益65万元。

### 一年之中，只有36天在家

李红勇和他的团队总结、提炼技术和工艺，形成了一批技术成果。他主持编撰的《山区河流水下钻孔爆破施工工法》成为国家级工法，并获得国家发明专利。

近年来，李红勇先后荣获重庆市"劳动模范"、"劳动创新奖章"、"优秀共产党员"，全国"五一劳动奖章"等荣誉称号。

李红勇的妻子唐霞，用年历制作了一张"考勤表"，记录李红勇在家的日子。只在家停留几个小时的日子，也被唐霞打上了红圈。即使这样，李红勇一年来在家的时间也不过36天。李红勇对妻子说，等退休后，他要带着家人游遍全国，将曾经的空白处涂满幸福。

（本报记者 蒋云龙 《人民日报》2015年05月04日第09版）

高级技师杨杰

# 有技术就要传给更多人

在安徽淮北矿业集团朔里矿业公司，有个"杨杰讲堂"，是国内首个以一线工人名字命名、培训现代工业自动化控制技术的可编程逻辑控制器实训工作室，也是首批国家级技能大师工作室。

杨杰初中毕业后成为淮北矿业的一名普通机电工人。32年来，他通过自学成为远近闻名的机电专业高级技师，人称"机电大王"。

32年来，他进行大小革新230多项，其中1项达到世界先进水平，2项刷新全国纪录，2项填补了全国煤炭行业空白，经他排除的故障不计其数，创造经济效益达9000多万元。经他培训过的职工有3000多人，带过的徒弟多已成为本单位的技术骨干。

"想到矿工们上下井的生命安全捏在自己手中，危机感、责任感油然而生。我下定决心要学好技术。也明白一个道理：一个人可以没有文凭，但不能没有水平。"杨杰自此开始走上自学成才之路。

走上工作岗位后，一张"闲谈莫过三分钟"的字条贴在了杨杰的床头，每天下班后，他一头扎进书堆里；上班时虚心向师傅、工程技术人员请教，把他们的一招一式熟记心头；检修时，忙前忙后地跟着看、帮着干，不计时间、不计报酬，同事们都称他为"编外检修工"。"说实话，那些设备结构、工作原理图，对只有初中文化的我来说简直就是'天书'。"杨杰回忆说，"我没有打退堂鼓，而是给自己制定了详细的学习计划，咬牙啃完 20 多本专业书籍，记下数百个电子元件符号和电路图，积累了 30 多万字的读书笔记，通过自学函授，取得了矿山机电专业本科学历。"

1992 年 2 月的一天，朔里矿主井电控系统发生故障，被迫停机。主井每停一小时，就意味着损失 15.6 万元，在场的技术人员查了一个多小时，也没能找出原因。领导很着急，于是把下班在家的杨杰找了过去。杨杰到现场了解情况后，分析判断是减速打铃造成的。可是，在场所有工程技术人员都不敢相信。经过对过卷开关进行检查，发现确如杨杰所说。不到 10 分钟故障就被排除掉了……

围绕矿井安全生产等工作，杨杰和技术人员一起开展了多项技术革新工作，总结出一套快速排查的方法，创立了"数字化检修法"，针对故障原因开展数字化检修，事故率几乎降为零，维护成本比以往降低了 40%，该方法在淮北矿业集团推广应用后，每年可创造 300 多万元的经济效益。

"我虽然掌握了技术，但也知道，先进技术只有被更多人掌握时，才能发挥出更大作用。"杨杰说，把技术传给更多的工人，一直是他的工作目标。他把多年积累的实践经验，精心提炼，编写成册，印发给职工学习；还赠送给兄弟单位和职工教育部门作为职工培训辅导教材。2014 年，他参与编写的《员工手册》，成为朔里矿职工人手一册的"技术宝典"。

"杨杰讲堂"于 2010 年建成，拥有目前国内最先进的实训室、办公室、实验室等，侧重对煤矿主副井绞车司机、轨道绞车司机、信号工等 18 个工种进行技术培训。目前，杨杰讲堂已举办十几期培训班，还开展了 10 多项科研攻关，为集团公司增创经济效益近千万元。经杨杰培训的班组职工，50 多人次在省、市、集团公司的各种比赛中摘金夺银。

"带出技术水平比我高的人越多，我越高兴。这样，企业才有希望，才能发展强大。"杨杰说。

（本报记者 何聪 《人民日报》2015 年 04 月 29 日第 16 版）

中建一局塔吊司机王华

# 舞动铁臂天地间

初夏深圳，碧空如洗。

位于福田区闹市的中国在建第一高楼——平安金融中心大厦直插蓝天。楼顶，橘红色吊塔转动铁臂，缓缓吊起一捆钢筋。地面，信号工拿着对讲机，清晰地发出指令。

坐在 660 米高空吊塔、平稳操控起吊的，是中国建筑一局的"超高层塔吊第一人"——王华。

## 绝技

王华出名，在于"盲吊"。

超高层建筑，吊塔司机看不见吊钩落点，只能靠对讲机，与信号工沟通，实施移位、挂钩、起吊，并凭借丰富经验，将吊装物精准送到位。这就是"盲吊"技术。

"'盲吊'，最重要的是手感、目测、耳听，最怕刮风下雨、配合不好。"刮风下雨，塔吊操作室的窗户因为高空水汽模糊，高空中对讲机信号时好时坏，常常听不见地面指挥。

平安大厦项目，最大吊装高度 600 多米。塔吊司机操作误差一厘米，最终吊装误差就会达 10 米。大厦有 7 条桁架，每条长度 30 米，重达 80 至 100 吨，需要两台塔吊配合，吊装 600 多次。

然而，王华和伙伴们配合默契，根据塔吊运转的流畅度，判断吊装物方位，准确无误。他说："人一进操控台，手一搭上操纵杆，全部注意力都在塔吊上。"

当上"塔吊王"，王华靠的是自己的拼搏。

1987年，20岁出头的王华离开河南信阳农村老家，加入中建一局做保安，入了党。工作之余，他拜师学艺，逐渐学会水电、塔吊、机修等技术。他跟随中建一局走南闯北，先后参与北京国贸、中央电视台、天津津塔等超高层建筑施工，成为一名技术高超的塔吊司机、全国优秀机械工人。现在，他还带出了18名塔吊司机和48名电梯司机。2014年，王华荣获平安项目"十佳先锋"光荣称号。

深圳平安大厦项目，是王华塔吊生涯又一挑战。该项目施工高峰期，现场2000多名工人，每名工人平均每天绑扎约1吨钢筋。项目主塔楼安装了4台国际最先进的巨型塔吊，承担钢结构、幕墙、机电、土建等几乎所有材料运输。每台塔吊配备两名司机，三班倒，24小时不停歇。迄今，他们已经完成13万多吊。

"塔吊是高层建筑的运输线，塔吊司机肩负重任。"中建一局副总经理、平安大厦项目总指挥张晓葵说。

### "超人"

塔吊，要有技术，还要练胆。

王华笑称，自己每天要过几关——"登天梯""蒸桑拿""走天路"。

上班，王华须换乘两次升降梯，至113层，再攀爬60米楼梯，到塔顶操控室。塔吊附着外墙，楼顶与塔吊约有数十厘米间距，靠踏板悬空连接。一般人走在上面，头晕目眩，不敢俯瞰。

进到操控室，不足1平方米，四周玻璃窗。太阳出来，温度骤升，犹如桑拿房，坐一会儿便汗如雨下。王华每天一坐就是几个小时。上厕所费时间、太麻烦，都得一忍再忍。

"本来，可以关窗户，开空调。但是，关上窗户，听不见发动机声音，容易出问题。再说，塔顶太高，供电不足，常常停电。所以干脆开着窗户吧。"他解释。

然而，最危险的，还是"走天路"。

塔吊伸展的铁臂长达 55 米，最顶端有动滑轮。每隔一段时间，王华必须从塔座走到塔尖，为动滑轮上润滑油。王华说："这真是一条'天路'！600 多米高空，55 米距离，巴掌宽踏板。走一个来回，晃晃悠悠，如履薄冰。"

塔吊司机属高危职业，危险系数高于消防员。可是，王华胆大心细，几十年来几乎没有出现重大失误。大家亲切地称他"高大上""超人"。他却谦虚地回答："技术靠学，胆子要练。第一次走'天路'，我一样吓得腿发软！"

胆识哪里来？王华说："来自于中建公司的先锋文化精神——不畏挑战、敢于担当、敢于拼搏。"

他在日记中写道："我们是城市默默无闻的建造者，是幸福空间的拓展者，是在钢与铁、天与地之间舞动铁臂的'正能量'传播者。"

## 诗迷

独自一人，高空作业，最难熬的是孤独。

但是，善于挑战极限的王华，却在孤独中发现了诗意。他这样描述："一天中，一会儿是艳阳高照，一会电闪雷鸣；一会儿太阳又透过乌云射出光线，乌云下的城市发出银色的光彩；一会暴雨倾盆，楼群像参天大树一样，湿淋淋地矗立在城市中。"

他随身带着软笔抄，一有灵感，马上记下来，日积月累，竟然写出了几十首诗。

高空作业的特殊视野，让王华的诗歌充满个性与活力。在他的笔下，每一次危险的攀爬，都变成了浪漫的远行——

"攀爬上长长的铁臂，我站在白云的中间，对着天空一声大喊，我来了和你并肩。一伸手能摸到蓝天，也能触碰七彩太阳，抚摸着钢铁的大臂，攀爬你是我的梦想。随着铁臂慢慢转动,欣赏着脚下的风光,好似那滚动的列车,画面在我眼前流淌。"看得出来,他是一个懂得生活、富有情趣的人。

建筑行业,塔吊技术高超,自然不愁没饭吃。但是,王华始终没有想过离开中建一局。为什么?他坦率地说:"是公司的关怀、信任、支持,让我不想、不愿离开这个温暖的集体。这些年,我拥有很多锻炼机会,赢得尊严。"

王华沉默寡言,具备一名优秀塔吊司机"静得下心、耐得住寂寞"的品质。20 多年在外打拼,他与家人聚少离多。在央视新台址建设中,由于工期紧,他 4 年没有回过家,深感愧对家人。

"再拼搏几年,多带几个徒弟,我就退休,回老家,钓钓鱼、陪陪老婆。这辈子欠老婆的很多——早些年想带她出来,孩子小,走不开;这些年,孩子大了,她却老了,走不动了。"他调侃着说,一脸甜蜜。

(本报记者 刘泰山 《人民日报》2015 年 04 月 24 日第 09 版)

高级技师王钦峰

# 把创新刻在骨子里

又见王钦峰，他依然身着蓝色工装服，在山东豪迈机械科技股份有限公司的车间里忙碌。这个只有初中文化的农民工，是这家上市公司的核心技术人员，被众多硕士、博士尊称为"王工程师"，听起来有点不可思议。

作为一名全国劳动模范，他保持本色，坚持劳动，热爱劳动；作为一名技术工人，他始终把创新放在心上，不断推动技术更新换代，让企业在同业中遥遥领先。他用自己的实际行动书写着创新型劳动者的人生。

## 深信知识改变命运

王钦峰生长在山东高密农村，1992年初中毕业后，16岁的他到原呼家庄镇配件厂（豪迈公司前身）打工。和其他学徒工一样，他当初也是把这当作一份糊口的工作。

"看到师傅们把一张张犹如天书的图纸变成一个个漂亮的零部件，自己却半天都搞不明白。"这让王钦峰深感自己的文化底子薄，"又看到昔日的同窗好友一个个考上大学，低人一等的感觉尤其强烈。"

王钦峰暗下决心：首先要看懂图纸，再慢慢超越那些大学生同学。他利用业余时间，像蚂蚁啃骨头那样，学习高中文化课程，又钻研《机械制图》《车工工艺学》等100多本专业书籍，还拿出一个多月的工资买来录音机，遇到专家讲课和师傅现场指导时，就录下来，再对照着书本一遍遍消化。"有一段时间同事都说我是机床师傅'甩不掉的小尾巴'。"王钦峰笑着说。

为了强化习得的知识，他还买了一大本机械习题集，下班一到家就钻进自己的房间。一年后，厚厚的一本习题集做完了。"一个初中生竟然完成了一本大学机械专业习题集。"公司董事长张恭运说，这样的员工应该信任，更应该鼓励。

机会来了。1997年，公司跟青岛客户签了一份生产轮胎模具专用电火花机床合同，而客户只给了一份机床平面示意图，而当时公司没有机械设计人才。张恭运想到了王钦峰。经过七天七夜的"连续作战"，王钦峰终于完成200张设计图纸的初稿，这相当于一个熟练工程师一个月的工作量。

知识的积累为他打开了一扇机遇之门，"我一直深信知识能改变命运。"王钦峰说。

### 用创新武装自己

完成机床图纸设计后，王钦峰全身心投入到机床的制造和测试中，1997年12月，第一台轮胎模具专用电火花机床终于研发成功。

但上市之初，机床三天两头"烧结"，客户不断打电话要求维修，最后忍无可忍要求退货。"那时，压力非常大。"不过，公司领导层宽容他的失败，又鼓励他创新，给了他勇气。

王钦峰又开始不停地跑书店、查阅资料，蹲在车间搞研究、试验参数。为排除故障，他经常在客户车间里工作到夜里两三点，打消了客户退货的想法。1999年，经过一次次的实践摸索，电火花机床的所有问题得到了彻底解决，成为公司的主打产品。

现在，王钦峰依然保存着当时公司奖励他的一台电脑，"这是我创新曲折路的历史见证，我要用创新不断武装自己。"

作为电火花小组组长，他依然站在公司创新的一线，"我算是领教了'王工'对创新的执着。"小组成员魏晓说，早上经常能看到车间里一个个试验过的零部件，这是头一天下班大家走了之后"王工"做的。他带领团队研制的新型节能电源已经在公司的机床上推广使用，每台可节电 50%，每年为公司节约电费 1200 多万元。

### 做好传帮带

从初中毕业进工厂当学徒至今，20 多年来，王钦峰干过 17 个技术岗位，现在已是公司的核心科研人员，多次获得公司给予的认股权，如今他已成为公司 927 位股东中的十大股东之一。

"在豪迈，大家都在讲创新。"王钦峰觉得公司的创新氛围很好，"尤其是那些和我一样学历不高的'草根'创新群体，我要和他们一起，做好技术的传帮带。"

王钦峰充分发挥自己的优势和特长，在公司开设科技讲堂，成立科技攻关小组，为广大技术人员"传经送宝"。在他的带动下，公司的青年科技人才成长迅速。模具加工二车间青工郭涛，改进了精车活字块时的对刀方式，大大缩短了对刀时间，提高了工作效率；模具加工一车间青工金延辉，自行设计制作了一个平行胀紧划线工装，可用于各种上盖的气槽划线，提高划线效率数倍……

世上无难事，只要肯登攀。从"小王"到"王师傅"，再变成"王工程师"。在豪迈公司这 20 多年来，他一直走在创新的路上，还将一直走下去。

（本报记者 潘俊强 《人民日报》2015 年 04 月 21 日第 09 版）

西南铝业有限公司锻造厂陈丽芳

# 最美的青春留在车间

一位 80 后，参与了"长征""神舟""嫦娥"等国家重点项目的材料研制任务，完成国家急需产品的开发及攻关项目近 800 项，获得 5 项国家专利，一项中国有色金属工业科学技术一等奖，成功研制出全国最大型的高温合金模锻件并填补了国内空白……

她，就是陈丽芳，全国"五一劳动奖章"获得者。

2003 年 7 月，陈丽芳从中南大学金属材料工程专业毕业，来到位于重庆市九龙坡区西彭镇的中铝西南铝业有限公司锻造厂报到。一到工厂，陈丽芳就被领到了模压车间。和其他男生一起被安排到各个班组三班倒实习一年，看到班组清一色的男性，陈丽芳当时有些不情愿，更让陈丽芳失望的是，分派给她的任务是给刚锻造完的锻件打印记。刚锻造完的锻件温度一般在 400 多摄氏度，即便是冬天，要不了半个小时衣服就会湿透。陈丽芳戴着手套，一手拿着钢印、一手拿着锤子，一个一个字母或数字地打，一个班下来要打上千个印记，每天下班后手都酸痛不已。

陈丽芳说，那段时间，看到女同学们在网上晒自己的工作和生活，再想想自己，都不好意思和同学联系。陈丽芳感到一种从未有过的困惑和失意。

直到后来发生了一件事。那一次陈丽芳把印记打错了，幸好被师傅及时发现才未造成后果。"我当时觉得羞愧难当，暗暗教训自己，连打印记这么简单的事情都弄错，还有什么理由抱怨？"陈丽芳说。

陈丽芳决定沉下心来，从最基础的工作做起。从那以后，她不喊苦也不喊累，一股劲地干起来，天天跟在师傅们后面潜心学习模锻工艺。当师傅空闲的时候，陈丽芳就请教不懂的问题，晚上回到寝室还继续钻研书本。

在开发新一代国产大飞机用大型铝合金锻件过程中，由于国外对我国实行技术封锁，完全没有任何技术参照。为了真正把握真实数据，所有的工序、环节陈丽芳都亲自参与，同工人师傅们一道进行锻件的装炉等最基础的工作。那段日子，陈丽芳满脑子都是工艺参数，每天冥思苦想试验中的细节。靠着这股子钻研精神，陈丽芳和同事们历经 4 年多时间，攻克了难关，成功研制出国产大飞机急需的具有国际最新水平的特大型、高综合性能的自由锻件，填补了国内空白。

2006 年，我国某型号航天超大型锻环科研项目进入停滞阶段，已经历 3 年锻炼的陈丽芳主动请缨参与这个研制任务。

此后的 5 年，陈丽芳和同事们从翻阅外文资料到制定具体参数，从设计不同的锻造工具到分析对比性能数据，历经 20 余次工艺修改、80 多次试验、1200 多个取样分析后，终于成功研制出国内首个超大型铝合金锻环，为我国某航天项目的顺利研制提供了关键材料保障。陈丽芳和同事们骄傲地把它称为"亚洲第一环"。

一次次科研项目的圆满攻关，带给陈丽芳的成就感超越了所有艰辛，"青年人一定要学会持之以恒，遭遇困难绝不轻言放弃，坚信'方法总比困难多'，用一种'不到黄河心不死'的态度来迎接各种挑战。"陈丽芳说。

谈到女儿，陈丽芳声音突然低了下来……陈丽芳和爱人都从事技术工作，常常加班，很少有时间照顾女儿。车间的同事都知道，女儿还在吃奶的时候，陈丽芳忙起来在车间一呆就是一整天，女儿只能喝奶粉。

虽然女儿已上了小学，陈丽芳还是常常自责和女儿交流的时间太少。女儿都上小学二年级了，自己从没接送过孩子，孩子的老师也不认识。

陈丽芳说自己有两个愿望：一是在研的项目能有技术突破；二是能多抽出时间陪伴女儿……

（本报记者 李坚 《人民日报》2014 年 05 月 04 日第 04 版）

下篇

# 动物园里有学问

南京红山森林动物园有点特别。

在这里，想看动物表演？没有。

能否确定看到某种动物？也不一定。

想一眼找到某种动物？很有难度！

尽管如此，动物园依然备受欢迎，接待人数屡创新高，每年吸引游客超 600 万人次，其中七成以上来自外地，30 岁以下年轻人占大多数。

"规矩"这么多，为何还能受到游客喜爱？关键在于坚持关爱动物、尊重生命、敬畏自然的办园理念。

2008 年，我来到动物园，成为 3000 多只野生动物的"大家长"。彼时，园区主要靠动物表演和有偿投喂营利运转，飞禽走兽大多被关在狭小的空间里。

上班第一天，我满怀期待地对 10 岁的儿子说，"爸爸可以经常带你看动物了"。没想到他嗤之以鼻，"那是小孩子才去的地方！"那一刻我很受震动，如果连孩子都不爱逛，动物园谈何吸引力，又怎能发挥出自然教育等应有作用呢？改变，刻不容缓。

动物的定位要变。它们不是被圈养围观的"展览品"，而是园区生活的"主人翁"。我们取消表演、改造场馆，不断提高动物的生活质量。以狼群为例，狼馆依山而建，洞穴、山涧、溪流混搭，还原野外环境；食谱根据成长需求定制搭配……如今，狼群找回了机敏的原生状态，游客也在沉浸式参观中领略其风采。可以说，园区内动物是"主人"，游客是"客人"。在漫步时看见长臂猿于丛林间惬意游荡、偶遇野猪在落叶窝打滚拱土，别有一番趣味。

饲养员的角色要变。早在2013年，园区就开始招聘拥有硕士学位的饲养员。这并非大材小用，而是基于向物种综合保护转型的趋势，对人才提出了更高要求。在园区内，饲养员不仅是照料动物、陪伴成长的护理人，也是研究生物繁育、疾病防治的"守护人"。为更好抚育小猩猩，他们会主动穿起厚厚的黑毛衣，模仿母猩猩的举止；当有动物离世，他们会撰写讣告，为"獐生""熊生"作一个总结。近年来，园区还在饲养员的共同努力下，将人工繁育的河麂后代放归自然，促进了区域生态物种的恢复。

发展的方向要变。作为城市中动植物集中度最高的场所之一，动物园不单单是消遣、休闲的场所，更应成为了解自然、生命及生态系统的一扇窗口。我们树立"大生态"观念，搭建循环储水罐，安装太阳能光伏板，将动物粪便再生产为有机肥；积极进行公益救助，收治市民送来的野生动物；设计开发文创产品，将物种保护理念融入其中，并将收入反哺至动物生活环境改善。一系列举措，既重塑了传统动物园的价值取向，也切实回馈了城市环境建设与人类生活，助力人与自然和谐共生。

三个方面的变化，也对游客产生了积极影响。过去小朋友看动物时经常拍玻璃，现在很多家长会主动告诉孩子，不要打扰它们。年轻人把这里当作情绪疗愈所，在悠然闲逛中舒缓压力、在观察动物中放松心灵，还掀起了一股"Zoo Walk"（动物园漫步）的潮流。事实证明，把动物放在第一位，守护生命、敬畏自然，不仅不会降低动物园效益，反而有利于焕发生命力、提升吸引力、扩大影响力。

万物有灵，和谐才能共生。未来，我们将继续秉持尊重与爱，进一步将动物园打造为人与自然交流连接的桥梁纽带，引领更多人走进自然、关爱动物、感悟生命，守护好共同的生态家园。

（作者为南京红山森林动物园园长，本报记者白光迪采访整理）

（沈志军 《人民日报》2025 年 01 月 27 日第 05 版）

# 慢火车也能驶入"快车道"

4年前，我成了7053/7054次列车的列车长，接过了慢火车的"接力棒"。有人问，"人家都争着去高铁，你怎么还从长途快车转去跟乡村慢火车了？"

在以秒计算产出、以亿丈量成绩的今天，值乘慢火车，或许不算"精明"的选择，我却有沉甸甸的收获。这收获就是对于"慢"有了更多感悟。

"慢"有"慢"的道理。7053/7054次列车，往返于淄博站与泰山站之间，184公里的车程，串起20个乡村小站。整趟坐下来只要11.5元，最便宜的站间票1元。终年开行，从不甩站，票价低廉，才能照顾到每个村的每一户乡亲。像"翻过山头还是山"的北牟村，生活在这里的近500户人家，过去要拿山货到淄川大集上卖，早上4点半就要出门，走约10公里路搭汽车。火车开通后，村口就是火车站。慢火车成了"公交车"，方便山里人走出大山、走进城市、走向新生活。

列车开行50多年来，从蒸汽机车到内燃机车，再到电力机车，火车头在变；从内部通勤车到庄户致富车，再到山乡振兴车，列车的使命不变。正是这份"慢"，牵引着山乡跟上时代的脚步，"不让一个人掉队"。

"慢"也是为了"快"起来。路通百业兴。对乡亲们来说，一趟旅途，不只是出发和抵达，更承载着生活的盼头。火车拉货是收运费的，但是对乡亲们自家的农特产品，别管多大的包裹，都免运费。为了方便乡亲们的营生，我们在车厢开辟专区助销沿线农副产品。乘客在了解当地风土人情的同时，也可以现场购买村民的特产。到了赶集这天，乡亲们挑着担子、拉着小车赶来车站。水灵灵的鸡腿葱、圆滚滚的大鹅蛋，出门是满满的山货，返程经常是喜上眉梢。

供孩子上学，置办新家电，翻盖新房屋……一趟趟车就这么拉动了致富的步子，拉来了红火的日子。有句老话说得好，"不怕慢，就怕站。"慢火车的"慢"里，就有这股子奋斗不停步、拼搏不懈怠的韧劲。

"快"与"慢"并不完全对立，有时候也能相互转化。时代的进步，让慢火车也有机会驶入发展"快车道"。近年来，从淄博烧烤的走红，到"小小泰山拿捏"的热度，越来越多的游客专门来乘坐我们这趟车，感受时光的穿越、沿途的风景。每年运送的近40万人次旅客中，六成以上都是慕名而来的游客。

"铁路＋文化＋旅游"的全新体验，给沿线村庄带来了商机。中郝峪村对180多间闲置房屋进行景观化改造，建成风韵别致的乡村民宿；上瓦泉村发展生态农业，主打现场采摘和农家乐。"石头村"土峪村、"美食休闲村"乐疃村、"艺术写生村"上端士村等特色乡村，开元溶洞、焦裕禄故乡、齐长城遗址等景点，被慢火车连珠成链。城里人来山里体验"慢生活"，乡亲们在家门口"快致富"，"快"与"慢"之间是城乡融合发展的大舞台，也是乡村全面振兴的大市场。

离春节越来越近，车厢里的年味也越来越浓。在车厢里巡检，顿感时光荏苒。摆渡车、赶集车、致富车……不管列车的称呼如何改变，始终不变的是"把日子过得更好"的愿景。风驰电掣是这样，温情守望也是如此。快慢之间，满载温暖与希望，向着美好的生活进发，我们一直在路上。

（作者为中国铁路济南局集团有限公司 7053/7054 次列车列车长，
本报记者盛玉雷采访整理）

（徐传刚 《人民日报》2025 年 01 月 21 日第 05 版）

# 铿然共舞英雄气

距离春节越来越近，我们英歌舞蹈团的排演也越来越忙。

英歌是我国潮汕地区的传统舞蹈，在广东普宁市代代相传，已有 300 多年历史。融舞蹈、南拳套路、戏曲演技于一体，英歌刚劲雄浑、粗犷豪迈，表演场面恢宏、阵势多样、套路多变，有祈愿平安、送福添彩的寓意，于 2006 年被列入第一批国家级非物质文化遗产名录。

英歌表演分前、中、后棚，前棚为男子群体舞蹈，即英歌舞。英歌舞又分快、中、慢板，南山英歌舞就是快板英歌的代表。演员的动作、气势、吼声、鼓声等，都能传递出英歌舞的精气神，因此格外考验基本功和团队配合。队员们业余时间练习英歌舞，经常练到深夜，手指磨出血泡……这种坚韧与坚持，源于发自心底的热爱。在这片土地上，英歌表演被视为光荣的事情，这种文化浸润成为民间艺术传承发展的沃土。

这两年，英歌舞受到更多关注。强烈的视听冲击力、飒爽的精气神，让英歌舞在短视频平台快速传播。如今，我和队员们不定期将台前幕后、排练、演出等日常拍成短视频，不做过多剪辑包装便上传平台进行分享，让屏幕前的观众看到原汁原味的场景，成就一次次观众与英歌的双向奔赴。英歌舞还多次登上国家级舞台，甚至远赴海外。2024 年春节期间，我们到英国伦敦演出，华侨华人与当地人一同捧场，气氛非常热烈。我想，这样的感染力归根结底在于民间文化有着天然相通的基因，英歌舞传递出的积极向上的精神，足以跨越国界、直抵人心。

传承少不了创新，必须打开思维枷锁，让更多人认识、了解、学习英歌。没有人，何谈传承发展？2017年，我与村里小学校长商量，开办了英歌舞公益培训班，还跟村里的前辈反复沟通，打破了招人的传统。外村的男孩女孩都可以来学，仅校园里就有300多名学生报名。后继有人，才有可能发扬光大。

不但要打破招人的限制，表演形式也要适应时代的发展。为此，我们做了许多尝试，比如调整队形，让英歌舞不仅适合广场，也能搬上舞台；又如创新脸谱，以前演员身上挂小牌子，现在则将一些人物代表图案画到脸谱上，豹子、燕子图案一出，观众一眼就知道扮演的是林冲、燕青；再如加入故事情节，"下山打探、兴师出战、急水渡泊"等的编排，让更多观众看得懂、乐意看。此外，我们还创新推出一大一小两位扮演时迁的演员在队伍前舞蛇，彰显以大带小的传承精神，小演员又帅又萌的表演经常在网络上"圈粉"。

万变不能离其宗。无论形式如何变化创新，都是为文化服务、为传承助力，都不能改变艺术内核。创新不变味、发展不走偏，才不辜负非遗传承人肩上的责任。

（作者为广东揭阳普宁南山英歌队教练，本报记者姜晓丹采访整理）
（陈来发　《人民日报》2025年01月14日第05版）

# 新寨村何以飘来咖啡香

回村10多年，我最喜欢的，还是泡一杯咖啡，到山坡上走走看看。漫山遍野的咖啡树挂满红彤彤的果子，看着就高兴。这是片充满希望的地方啊！

云南保山市新寨村，有"咖啡第一村"的称号。村子所在的潞江坝地区是云南小粒咖啡的传统主产区之一，有着得天独厚的自然地理环境。咖啡是这里的特产，浓而不苦、香而不烈、略带果酸味。我刚回村时，村里咖啡树面积近万亩，可那时受限于低迷行情，咖啡生豆收购价格连年下跌，"采1斤鲜果还赔1块钱"。"豆"贱伤农，许多村民一度有砍树改种其他作物的想法。

砍树容易种树难啊。在外闯荡的那些年，眼见着咖啡店四处开花，我知道，其中蕴藏着广阔蓝海。新寨村要发展，咖啡产业是一条因地制宜的赛道。咖啡热销，但种咖啡"钱景"不明朗，原因何在？一来市场起起伏伏，小农户抗风险能力相对较弱。二来生豆种植处于价值链低端，且质量参差不齐，卖不上价。症结找到了，就得行动起来。村党总支牵头成立了7个合作社，统一管护、采摘、销售等环节，降低种植成本、共享市场渠道，探索规模化、规范化种植。

抱团发展，能更好穿越市场风雨。品质上去了，才有议价空间。2017年，村里建起咖啡体验馆，引进企业进行市场化经营。管护要加大频率，采摘要全红果……"种咖啡咋要投入这么多精力？"一些村民犹疑观望。我带着六七户咖农先行先试，当普通咖啡生豆每公斤只能卖十几元时，我们收获的咖啡生豆每公斤卖到了约60元，大家尝到了精品咖啡的"甜头"。此后，我们划定咖啡核心产区1.36万亩，引进优质品种和先进的加工设备，还把省农科院的专家请到田间地头"把脉开方"，提升咖啡精品率。随着"云咖"加速起飞，提前蓄力的新寨村搭上发展快车，咖香飘出村子、飘向世界，小粒咖啡这块金字招牌越擦越亮。

提升附加值、延伸产业链，比较优势才能真正化为发展胜势。近年来，"有一种叫云南的生活"频频刷屏、受到追捧。"云咖"与文旅有机融合、相互借力。对咖啡感兴趣的游客、寻找咖啡豆的咖啡师、商谈合作的企业和咖啡馆……新寨村的人气越来越旺，村子里的咖啡文化也愈发浓厚。体验从采摘到制作一杯咖啡，在咖啡林旁品咖啡、吃咖啡宴……以"咖旅"融合为方向，村里打造多家精品咖啡庄园和100家特色咖啡小院，举办咖啡旅游文化节、咖啡冲煮赛等活动，围绕咖啡形成种植、加工、展销、休闲、观光等多元产业和业态。

山上长满咖啡树，院里晒满咖啡豆，村里飘着咖啡香。跳出"原料产地"的单一角色，从卖产品到卖场景，从咖啡豆走出去到顾客走进来……如今，新寨村每年接待游客10余万人次，咖啡业产值从2018年的3000万元增长到2023年的1.3亿元，村民人均可支配收入也突破3万元，"红果果"成了兴村富民的"金果果"。越过越好的幸福生活，如同这里的咖啡一样，回味绵长。

一地蝶变，全局缩影。近年来，云南提出"提升咖啡精品率和精深加工率"，推广良种、良法，链接产业链上下游企业。以精品化为导向，推动咖啡全产业链高质量发展，相信在接续努力下，"云咖"定能走向更广阔的天地。

（作者为云南保山市隆阳区潞江镇新寨村党总支书记，本报记者张驰采访整理）

（王加维 《人民日报》2025年01月06日第05版）

# 厨房蕴百味 匠心烩珍馐

起锅烧油、翻炒颠勺、烹香调味……三尺厨房内，有人生百味。16岁踏入这片天地后，我慢慢发现，菜品不局限于饱腹功能，也是一种表达；烹饪也不只是一个工作，更是一项事业。怀揣这份理解，我在锅碗瓢盆间探索了近40年，努力以匠心打造美味。

匠心意味着敬畏心。虽然已当总厨多年，但我从未离开过一线，每天都坚持去后厨与大家交流心得、打磨技艺。为了提升烹饪水平，我养成了"多品多看多记"的习惯。对食物，吃完、问完还不够，必须把所有要点和学问都整理出来。我的手机里有一个专门记录各地烹饪方法的文件夹，里面的文档数量已超过2000篇，就像一本"厨艺秘籍"。尊重厨房、尊重食物，用心钻研、精心总结，方能掌握炸、爆、烧、炒、熘、煮、氽等"十八般武艺"，不断提升能力。

匠心代表着好奇心。听说哪个地方有美食，无论多远，都想去尝尝；看到厨艺节目上的菜品，只要有空，就想尝试做出来。有人问，一直研究做菜不累吗？热情源自热爱。对我来说，做菜是与食材对话、同味蕾碰撞的享受。正是在不断探索的过程中，我不时发现新细节、获得新启发。比如，用白糖做出的鱼香肉丝偏甜，而如果让糖在锅里一瞬间产生变化，形成焦糖，甜度便恰到好处。虽然这样的发现不算大，但全身心投入厨艺中，就会获得无穷乐趣，乐在其中、乐此不疲。

秉持匠心，也要不断创新。形好火一阵、味好畅千年，现代人的口味变化快，菜品要想经久不衰，就必须博采众长，在食材搭配、烹饪工具和烹饪技艺方面持续创新。为丰富见识，我经常去不同的地方观摩、"进修"，学习各类传统美食和家常菜做法；同时，我参加了许多国际烹饪赛事，从西餐中学习新理念、新方法，将其融合到中餐里。如今，我和团队已经对300多个菜品进行了改良——卤猪肝借鉴西餐"低温慢煮"技法进行"蒸+浸"处理、宫保鸡丁需在辣椒花椒下锅的第三秒放鸡丁……集古今之特色，汇各家之所长，始终求新求变，菜品就会拥有更长久的生命力。

美食承载着文化。中华饮食讲究四季有别、食医结合、色香味和谐统一，这不仅是一种厨艺理念，更是一种充满历史、哲理和情感的文化追求。一名优秀的厨师，还要有一份责任心，对食物负责、对食客负责，更对我们的文化负责。一方面，我带领团队开展相关公益讲座，前往法国、日本、菲律宾等地进行技艺交流，推广中华饮食文化；另一方面，我们注重技艺传承，目前已培养3000余名餐饮人才，努力将中餐特色的烹饪技艺发扬光大。

"一食一餐有故事，一厨一味暖人间。"这是我对厨师这份工作的理解。今后，我将继续秉持一颗匠心，探索食物奥秘、烹调美味珍馐、传播饮食文化，让"中国味道"飘得更远、更广。

（作者为全国劳模、重庆厨界餐饮管理公司技术总厨，本报记者刘新吾采访整理）

（刘波平 《人民日报》2024 年 12 月 20 日第 05 版）

# 以中国建造助力极地科考

2024年是中国极地考察40周年。11月1日，中国第四十一次南极考察队出征，我也开启了第十四次南极之旅，带领中铁建工集团南极项目部的建设者们再度前往南极罗斯海恩克斯堡岛，完成秦岭站室内装饰装修、机电安装等任务，力争让南极考察队员早日"入住"新一代科学考察平台。

一个人14次奔赴南极，是怎样的体验？

犹记得，习近平总书记在致中国南极秦岭站建成并投入使用的贺信中指出："40年来，在党的领导下，我国极地事业从无到有、由弱到强，一代代极地工作者勇斗极寒、坚忍不拔、拼搏奉献、严谨求实、辛勤工作，取得了丰硕成果。"

习近平总书记的话说进了我心里。在南极参与考察站建设的2000多个昼夜，感受刺骨的寒冷，也升腾奉献的热忱。中国建造与中国科考勠力同心，铸就极地事业的一座座里程碑，写下动人的中国故事。

这个中国故事里，有战风斗雪的坚韧品质。秦岭站选址区域科考价值高，但施工环境却相当恶劣。恩克斯堡岛越冬期间极端低温可达零下40摄氏度，盛行超强、超干、超冷的离岸风，考察队设立的自动气象观测站曾多次被狂风掀翻。2024年1月，在秦岭站幕墙板安装时期，时速120公里的狂风裹挟着积雪掀起了漫天迷雾，能见度不足5米，我们只能拉着一根绳子摸索前行。越是困难，越需要精神支撑。我们咬紧牙关，创造了南极考察站建设的多项之"最"——建站人数最多、卸运物资最多、单体建筑规模最大、建设时间最短。越是艰难越向前，几代铁路建设者铸就的艰苦奋斗精神，在南极考察站建设中得以传承、淬炼、升华。

这个中国故事里，有自主创新的拼搏精神。看装备，20世纪80年代长城站、中山站施工时，靠的是肩扛、人抬、绳拉，机械设备极其有限。如今在秦岭站工地，我们投入了高空作业车、装载机等34台（套）机械设备，施工效率大幅提升。看技术，BIM（建筑信息模型）技术登上南极大陆，我们像"搭积木"一样实现了极地模块化、装配式施工，不到60天时间就顺利建成规模最大的单体建筑。看材料，应用特种耐候钢等新材料，不仅解决了超低温下的钢材"冷脆"难题，还能抵御海岸环境强腐蚀。新装备、新技术、新材料在南极考察站建设中得到广泛运用，为我们不断刷新纪录提供了有力支撑。坚持向科学要方法、向技术要答案，才能在这片冰川上不断取得新成就。

这个中国故事里，有绿色低碳的发展理念。严格的生态环保标准是我们在南极施工的一道附加题。我们通过装配式施工最大限度减少建筑垃圾的产生，还创新建筑垃圾处理技术，应用无甲醛无氟材料，兑现了"不破坏南极环境，不带走滴水片石"的承诺。秦岭站采用被动式超低能耗建筑技术，太阳能、风能等清洁能源的占比超过60%，能源消耗和碳排放有效降低。南极科考是绿色科考，作为秦岭站的建设者，我们也要把绿色低碳理念融入工作全过程和各环节。

每一次抵达，都意味着新的出发。风雪兼程，破冰筑屋，极地征途上必将见到更多中国建造、中国身影、中国奇迹。

*（作者为中铁建工集团南极项目部生产副经理，本报记者盛玉雷采访整理）*

*（罗煌勋 《人民日报》2024年12月10日第05版）*

# 打造"带不走的医疗队"

有一种惦念,无惧山迢水远。2023年6月,新疆博尔塔拉蒙古自治州(以下简称"博州")3岁的先天性心脏病患者小塔娜,被华中科技大学同济医学院附属协和医院驻博州的医疗专家接到武汉进行了手术。时隔1年,专家上门复诊,欣喜地看到小塔娜恢复情况很好。

在一些偏远的地方,像小塔娜这样的急危重症患者还有不少。因医疗资源匮乏、医疗水平不高,叠加交通不便等因素,许多疾病在当地得不到及时诊治,甚至一些小病、常见病会被拖成"疑难杂症"。针对这种情况,公立医院理应做好巡回医疗和对口帮扶等工作,以己之力、尽己所能,提高偏远地区的医疗能力和水平,把优质医疗资源送到最急需的地方。

跨越3700多公里,来到牧民身边、走进边防军营……前不久,我们派出一支覆盖10余个专科的巡回医疗队奔赴博州,服务群众5300余人次。无论是牧民的腿疾,还是八旬老人的胃癌,不少当地人寻医多年的疾病,都得到了有效治疗。积极发挥医疗技术、学科建设、医院管理等优势,方便更多人病有所医,是我们的职责使命。

人才是干事创业的根本。我们在为边疆群众提供医疗服务的同时,也注重对当地医务人员进行培训指导。每到一个点位,医疗队专家都会针对当地常见病、多发病、慢性病等开展现场培训、集中授课,分享医疗技术和理念。同时,我们也将受援医院纳入国家医疗队远程医疗网络,有针对性地结对子、用心用情传帮带，努力打造一支"带不走的医疗队"。

提升偏远地区医疗水平，绝不是一朝一夕能完成的，必须坚持不懈、久久为功。就此而言，不能止于几个活动、几场座谈、几次下乡。优质医疗资源要"沉下去"，群众的健康水平才能长久地"提上来"。实现这一目标，既要"输血"，也要"造血"。我们将短期巡回医疗和长期组团帮扶相结合，以3周巡回医疗为契机，与当地医院进行为期3年的持续帮扶，开展战略规划、科研发展、学科建设、人才培养等合作，推动医疗、教学、科研、管理等协同发展。从短期巡回到中期帮扶，再到长期的管理体系构建，目的是让优质医疗资源真正"沉下去"，实实在在增进群众健康福祉。

促下沉、强技术，带人才、优管理，未来，我们会一如既往，继续奔赴更多更远的地方，治病救人、传医授术，助推卫生健康事业高质量发展，更好守护人民群众的健康。

（作者为华中科技大学同济医学院附属协和医院党委书记，本报记者田豆豆采访整理）

（张玉 《人民日报》2024年11月27日第05版）

# 以人才活水润泽乡村

乡村全面振兴，农民是主体，人才是关键。人才哪里来？就从十里八乡来，从身边培育、锻炼、成长而来。

我是陕西宝鸡市农业广播电视学校的一名教师，在工作中真切体会到抓好乡村人才培育的意义。一些农村发展乏力，根源在于缺人才，缺发展引路人、产业带头人、政策明白人。一旦育好用好乡村人才，充分激发乡村人才活力，往往就是另一番景象：农民成了现代农业发展的多面手、壮大集体经济的带头人、推动乡村治理的主力军，腰包鼓、信心足，村子更有发展前景。

既然授课的对象是乡亲们，就得把课讲得更加贴近实际。从站上讲台那一刻起，我就开始琢磨怎么让课程变得实用管用。为获得第一手材料，我花了很长时间进村走访，沉到田间地头、乡村社区调查研究，摸清底数、对接现实，为讲好课打下扎实基础。拿《农村财务管理》这门课来说，除了一些理论知识，还用到了大量在乡野田间搜集来的实例，例如村集体经济的发展规程、农民专业合作社管理细则，等等。每讲到这些实操的部分，乡亲们的身板都挺得更直，还经常在课后专门来咨询细节。向实践学习、为乡亲们送宝，就能赢得认可。

培训只是手段，发展才是目的。有一件事令人印象深刻。2019年，麟游县农民刘仙妮来上课的时候，透露产业发展存在资金缺口。了解情况后，我积极联系当地金融机构，引来资金解了燃眉之急。规模化养牛场发展起来后，还种上了水果萝卜、甜玉米等，形成了农业循环种植养殖模式，全年产业收入达 200 万元以上。课堂上的教与学，就这样变成产业振兴的花与果。越来越多学员学有所获、学完能用、用有所成，在解决"谁来种地""农业怎么干""乡村如何发展"等问题中发光发热、奋斗不息。

让更多乡村人才脱颖而出，必须克服重培训、轻培养的倾向。我们推出"传帮带""点单式"的培育机制，为农民学员提供从学习提升到转化应用的全方位服务。在内容上，适应现代农业、乡村产业发展实际需要，帮助各类带头人有针对性地补上市场营销、金融管理、品牌打造、电子商务等能力短板；在方式上，改变以往短时期、单一化的做法，探索高校集中授课、量身定制课程、线上学习交流、研学考察互访等形式。截至目前，我们已建设"农民田间学校"51 所，对农民进行栽培技术、营销手段、管理方法等指导和培训 5 万人次；由优秀农民学员组成的宝鸡"葡萄匠人"、眉县"桃把式"、千阳"苹果师傅"等技术服务队，目前已发展到 120 余人。

习近平总书记强调，"要创新乡村人才工作体制机制，充分激发乡村现有人才活力"。奋进新征程，不断提升教学、教研和社会服务能力，努力筑好乡村人才振兴"蓄水池"，我们就能为推进乡村全面振兴、加快建设农业强国添力赋能。

（作者为陕西省宝鸡市农业广播电视学校教师，本报记者常钦采访整理）

（赵艳萍 《人民日报》2024 年 11 月 25 日第 05 版）

# 把忠诚镌刻在界碑上

沿广西壮族自治区那坡县平孟镇的山路盘旋而上，在海拔1000米处，就能看到一座小小的哨所——那坡县天池国防民兵哨所，这就是我的"家"。自从18岁来到这里，我已经坚守了43年，站岗、巡逻、执勤，走过7万多公里路、磨坏300多双鞋，只为做好一棵"守边树"。

我的家乡在平孟镇的弄汤村，距离边境不到1公里。守护山河，人人有责，没有国，哪来家？我暗下决心，一定要为保家卫国作贡献。得知乡里招收哨员，我第一时间报名，成为一名守边民兵。

从上哨开始，捍卫边境就是我最重要的使命。巡边护边，漫长、艰苦、危险。有战友在巡逻时，因踩中地雷而牺牲，年仅23岁。我也曾被毒蛇咬伤，晕过去一天一夜，左手无名指至今无法正常弯曲。为什么没有放弃？不想，不能，更不"敢"！多少战士为祖国抛头颅、洒热血，多少守边人在巡逻戍边中献出宝贵生命。每念及此，我都告诉自己，轻伤决不下火线，每一寸领土都要用生命去守护，否则就对不起那些牺牲的英雄、前辈和战友，对不起脚下站立的祖国大地。

11块界碑、8公里边境线，无论走过多少次，神圣感始终激荡在心中。这里是中华人民共和国的土地，一点不能少，一寸也不能让。有一次，邻国在某号界碑拓宽巡逻路，推倒了一棵界竹，越过我国边界0.5米。发现后，我当即带领哨员处理，依据相关法律条款，让邻国及时回填改造了道路。

这更让我坚信，哨所虽小，使命重大，一丝一毫都马虎不得，一时一刻都懈怠不得。到今天，我已妥善处置边情百余起，上报边情信息 2000 多条，协助查获走私案件、堵截盗伐盗猎上百次。守土尽责的誓言笃行在脚印里，忠诚和大爱镌刻在界碑上。

为国守边疆是有意义的生活，意义源自信仰，使命践行于坚持。不忘初心，平淡也是光荣。记得刚来哨所时，水、电、路"三不通"，每天得步行 2 公里下山背水。更难熬的是漫漫长夜，山风呼啸、门窗作响。但困难就是用来克服的，就像巡逻的道路本来是没有的，是我们走得多了，硬生生走出来的。缺少补给，就从石头堆里抠出"袖珍菜地"；没有通电，就点着煤油灯看报学习。寒来暑往、昼夜交替，在日复一日的坚守中，哨所条件不断变好，我们走出了感情、发现了意义、创造了价值。

守边戍边，更要固边兴边，这离不开广大边疆群众的支持。平日里，我经常带领哨员为村民修建地头水柜、修整房前屋后，帮助建设美好家园，服务乡村全面振兴。每到征兵季，我还会挨家挨户作动员，走遍哨所附近 4 个村 40 个屯，发动边民踊跃参军、支持国防。真心关爱群众、悉心帮助群众，群众自然会认可你、支持你。如今，哨所附近村镇支持国防、献身国防的氛围愈加浓厚，"一村一连、一户一哨、一民一兵"的传统得以延续传承。

哨所再小也要有人守，边境线再长也要有人走。祖国领土的完整，是我人生最大的"完整"。在这座小小的边疆哨所，我选择坚守，像一棵"守边树"，站好每一班岗，守好每一寸土地。

（作者为广西壮族自治区百色市那坡县天池国防民兵哨所哨长，本报记者李维俊采访整理）

（凌尚前 《人民日报》2024 年 11 月 13 日第 05 版）

# 把话说开、把理讲明、把事办实

基层走访时，怕啥？群众有难事烦心事，却不愿意将诉求表达出来。怎么让群众打开话匣子，成为推动工作要着力解决的问题。

问需于民、问计于民，得用群众接受、欢迎的方式。我们借助"三级院坝会"的形式，将工作地点从办公室搬到群众家门口，搬到居民经常聚集的院坝、广场、茶馆等地，让群众愿意坐下来、敞开心扉、有啥说啥。在重庆市璧山区福禄镇，我们管这种方法叫"院坝话福"。变"干部台上讲、群众边上听"为"群众场中说、干部台下记"，既零距离阐释政策、回应关切，也面对面听民声、聚民智。

真正赢得百姓信任，将好机制坚持下去，不能"只听不做"，必须狠抓落实，做到群众诉求件件有着落、事事有回音。在这方面，我们建立了一套常态化的问题处理联办机制。在村级层面，院坝会上提出的问题尽可能就地解决，不能现场解决的，就记录到"心愿卡"上，挂到村（社区）党群服务中心的"群众解忧墙"上，按红、橙、绿3色显示问题的办理状态，让老百姓可观、可感、可监督、可评价。村级层面无法解决的，就上报镇里，再点对点"派单"给镇里有关部门的具体人员，变"群众到处找"为"群众吹哨、干部报到"。截至目前，我们联动区级部门、企业，已经解决了诸如斑竹村柑橘品种迭代更新、红山村旱改水赔付等难题。

基层干部不仅要做解决问题的"助推器"，也要当好政策传达的"枢纽站"。多次参加院坝会后，我观察到一个现象：有时候政策初衷是好的，却存在"好事没办好，群众不认可"的情况。这常常是信息传递不及时、不通畅、不对称造成的。借助院坝会，大家坐在一起把政策讲透、把话说开、把道理讲明，很大程度上解决了信息不能快捷、准确、通畅传递的问题。如此，很多问题和矛盾就能在基层化解，依法依规的共识也能不断增进。

群众是基层治理的受益者，也是参与者。如何充分调动其积极性？我们探索将"积分赋能"与"院坝治理"结合，经过意见征集，建立起党建引领基层治理积分制。各村（社区）将遵纪守法、参与自治、好人好事等积分事项在院坝公布，并将村集体经济组织收益按一定比例投入积分资金池。通过这种方式，群众从基层治理的"旁观者"转变为"参与者"，汇聚起共建共治共享的合力。

基层治理要有办法，也要讲情怀。"哪里有人民需要，哪里就能做出好事实事，哪里就能创造业绩。"为民服务没有终点，只有连续不断的新起点。创新用好各种联系服务群众机制，着力解决好群众急难愁盼问题，是党员干部的职责所在、使命所系。当好行动派、实干家，我们还要继续努力。

（作者为重庆市璧山区福禄镇党委书记，本报记者常碧罗采访整理）

（何齐柏 《人民日报》2024 年 11 月 06 日第 05 版）

# 武动风华 艺传八方

许多孩子心中都有一个武侠梦，我也不例外。7 岁时，我进入武术队。习武之路异常艰辛，冬练三九，夏练三伏，如果受不了这份劳累与枯燥，就容易懈怠下来。但偷懒瞒得了师傅，可骗不了功夫。武术既注重体格之锻炼，又关注精神之修养，兼具艺术之美感，最注重求真务实，容不得花架子。以热爱为动力，把坚持当阶梯，才能向着武学高峰不断攀登。

随着年岁增长，我的武侠梦也发生了变化。以前梦想"仗剑走天涯"，醉心精进武艺；现在希望"技艺传八方"，更好宣扬武术文化。峨眉武术是中华优秀传统文化的重要组成部分，厚植仁义礼智信的精神底色，包含返璞归真的无为思想、心性清净的禅宗观念，讲求内外兼修、刚柔相济、动静结合。如何将其保护传承好，将其中的中华武德发扬光大，一直是我的努力方向。

随着许多武学书籍和招式绝学逐渐失传，加快抢救性保护，让中华武术文化更好"传下来"，成为当务之急。为此，我四处打听哪里有武术名家，收集整理中华武术文化的文字资料；参与编辑《峨眉武术》等书籍，记录功法套路、心法内涵。2008 年，在各方共同努力下，峨眉武术成功入选国家级非遗名录。保护好，更要传承好、弘扬好。我们创新形式，贴合现代审美，策划推出《传承》等节目，融故事性、观赏性于其中，到多地展演，广受好评。如今，来习武学艺的爱好者络绎不绝，峨眉武术焕发出新的生机活力。

　　武术也是跨文化交流的载体。很多海外朋友认识中华文化、爱上中华文化，都是从中国功夫开始。近年来，峨眉武术"出山"更"出海"，不仅在国内"根深叶茂"，也在国外"开枝散叶"。线上，峨眉武术的短视频吸引了众多海外网友点赞。线下，2024 年巴黎奥运会前夕，峨眉派女子功夫团亮相巴黎，展现中华武术文化的独特魅力。2024 年以来，已有十几批来自法国、丹麦、希腊等国家的学员来到峨眉山，在"以武会友"的学习交流中，感受中华武术文化的深厚内涵。立足深厚的文明底蕴，中华武术文化正以更开放的姿态，跨越山海、拥抱世界。

　　"要以传承中华武术文化为己任"，这是我对徒弟们最常说的话。峨眉武术在我心中，不仅是一项技艺，更是一份责任。未来，我将继续努力，尽己所能推动中华武术文化传承得更好、传播得更远，让宝贵的文化遗产绽放出更加耀眼的时代光芒。

（作者为峨眉武术国家级非遗传承人，本报记者徐杭燕、常晋采访整理）

（王超 《人民日报》2024 年 10 月 31 日第 05 版）

# 青山绿水照梦来

提起江西婺源，很多人会想起梯田花海。其实，这里也是 2400 余种高等植物和 120 余种国家重点保护野生动植物生存的家园，有着独特的景观生态系统和生物多样性资源。

大自然是最好的课堂。发挥好这个课堂的作用，专业的力量不可或缺。2018 年，我们在婺源成立了一家自然教育科普机构——林奈实验室，希望依托这里得天独厚的资源优势，通过自然教育、自然科普的方式，带动更多人感受生态之美、体悟自然之趣，增进尊重自然、爱护自然的意识。

真正扎根自然、理解自然，才能做好这份事业。6 年来，我们结合所学所长，探访了 600 多个自然村，对当地的动植物资源进行调查，积累了 1 万多份生物照片、影像资料。从 3 个人的讲师队伍，到 30 多人的专业团队；从一间小实验室，到正规化的生态学校……如今，我们的线下自然教育活动已服务超 5 万名海内外青少年，自然科普受众累计超 200 万人次。我们的梦想在这里落地生根、结出硕果。

自然教育重在建立人与自然的连接，体验性、实践性强。在峡谷观察夜行性动物的行为，在溶洞了解喀斯特洞穴生物的节律，为无家可归的鸟儿制作人工巢箱……以山海林河为教室，以鸟木虫兽为内容，我们顺应青少年的好奇心，打造多种主题的研学课程，为孩子们搭建起亲近自然的桥梁。当抽象的书本知识以可听、可视、可感的方式呈现在眼前，不仅陶冶身心、丰富视野，也播撒下热爱自然的种子。生态环境保护意识的培养，往往是这样自然而然的过程。而这，正是我们推崇自然教育的意义所在。

良好的生态环境，离不开全社会的共同守护。动员更多人参与生态环境保护，一直是我们努力的方向。一方面，我们结合当地群众关心的防范外来物种入侵、农业病虫害防治、禁渔禁猎等问题，推出系列科普讲座。另一方面，我们注重将自然教育融入乡村全面振兴事业。比如，紫阳镇雍溪村依山傍水、古树葱茏，我们在这里开设观鸟课、水生态课，小山村越来越热闹。聚人气，生财气，民宿、农家乐等产业随之发展起来。村民们认识到，守护自然与致富增收并不矛盾，好生态还能带来好生意。

开发民俗课程、打造萤火虫营地、整治村庄环境……当一个个古老的村落被激活，人的视野更加宽阔。守护好山好水，不是"要我干"，而是"我要干"。很多村子自发组织了生态巡护队，共护生态的内生动力更加强劲。让更多人切实从绿水青山中受益，生态保护的积极性、主动性就能被更好调动起来。形成人人、事事、时时、处处崇尚生态文明的良好社会氛围，才能凝聚起共建美丽中国的强大合力。

涓流虽寡，浸成江河；爝火虽微，卒能燎野。一堂自然教育课程、一场科普讲座、一次野生动植物救助，都是在探索与大自然的相处之道。我们坚信，当更多的心灵被自然之美触动，更多的力量为保护生态汇集，人与自然和谐共生的现代化必将渐行渐近。

（作者为林奈实验室创始人，本报记者朱磊采访整理）

（刘芝龙 《人民日报》2024 年 10 月 29 日第 05 版）

# 潜心科研 守护花开

提到云南的特产，鲜花必然名列其中。在云南，大街小巷可见鲜花、可闻花香。2023 年，云南鲜切花年产量达 189.7 亿枝，全球约 1/3 的商业观赏花卉品种都出自这里。作为一名研究花卉近 30 年的科研工作者，我有幸与花为伴，既是"云花"蝶变的见证者，也是产业发展的参与者。

1995 年，我来到云南省农业科学院花卉课题组。和想象中"高大上"的研究不同，我们不仅要挖地栽花、架棚拉网，还要去卖花，每隔两三天就要到街上把生产的鲜花卖出去，进行市场测试。于我而言，栽花容易卖花难，手捧鲜花驻足集市，常感羞赧。好在，花美客自来，我们研发、引进的花卉品种逐渐得到市场认可。每当看到相关的研究成果被花农需要，助他们增收致富，为消费者送去美好，自豪感便油然而生。科研就是要把论文写在大地上，让广大人民群众受益。沉下来、潜进去，才能获得进步、激发热情，推动科研向前更进一步。

做科研，需要使命感。刚参加工作时，"云花"尚在发展初期，大量种球、种苗依靠进口，花农技术水平参差不齐，花卉品种单一、病害多发。那个时候，我们培育的花卉，上市不久就被国外品种超越。沮丧、焦虑、迷茫，甚至一度自我怀疑。想到花农卖出的每一枝花，都要支付专利费，想到如果不加强研发、赢得市场竞争，只能引进在国外早已被淘汰的品种，我们更加坚定了依靠自主创新引领产业升级的信念，向着花卉种业自立自强的目标不断进军。

如何让云南花卉脱颖而出？提升辨识度、让市场记得住是关键。我们深挖本土丰富的花卉资源，通过杂交选育、"驯化"野生花卉等手段，培育出一系列风格独特的花卉品种。月季是云南鲜切花市场的重要品类，我们创新选育"翡翠""赤子之心"等月季新品，深受消费者喜爱。我们还依托高山杜鹃等野生花卉，研发新品种及周年开花栽培技术，推出"红妆"等特色花卉，让"高岭之花"走进千家万户。立足本土、找准优势、科技赋能，让"云花"在市场中独树一帜。

创新研究，不能"闭门育花"。花卉科研成果，归根结底要通过市场来检验。为提高科研成果转化率，我们建立起以市场为导向的产业链创新体系。花卉企业了解消费需求动向，在设定育种目标阶段就参与进来；花卉研究所提供技术支撑，搭建共享平台，联合育种后由企业进行市场推广。企业有预期、共参与，培育新品种就像培养自己的孩子，更有动力；科研单位有动力、明方向，研发成果能得到市场认可，成就感更强。产学研深度融合，科研与企业"双向奔赴"，助力"云花"产业发展更高效，始终走在市场前沿。

2023年，云南鲜切花生产面积和产量均居全球第一位。如今，我可以自豪地说，与花共舞是一份幸福的工作。未来，我将与团队一起，继续深耕、矢志创新，让"云花"绽放得更美、更鲜艳！

（作者为云南省农业科学院院长，本报记者张驰采访整理）

（王继华 《人民日报》2024年10月09日第05版）

# 浓浓的乡情 稳稳的担当

医者仁心，不仅是对人，也是对万物生灵。作为一名乡村兽医，我接到过的急诊非常多，经常不是在养殖户家里，就是在去往养殖户家的路上。有人问我，工作这么辛苦，值不值当？我觉得，老百姓需要的，就是好职业。用医术治好每一头患病家畜，也是在守护乡亲们的生活和希望。

做乡村兽医，要扎根乡土，葆有奉献乡里的情怀。1995 年毕业后，我回到家乡，成为乡村兽医，一干就是近 30 年。有的牛拉肚子，刚出生的马不吃草，养的猪发烧了……家畜的小毛病，却是养殖户关心的大事。为了能时刻保持出诊的状态，我现在几乎不出远门，电话保持 24 小时开机，避免错过求助信息。如今，周边 10 多个村子都有我服务的养殖户。冬季一天最多要跑 20 家，夏天有时要去三四十户人家家里，一年行驶里程超过 4 万公里。披星戴月的奔波、日复一日的坚守，背后是浓浓的乡情，更是全力以赴的担当。

救治家畜，不仅是在挽回经济损失，有时也意味着拯救家庭生计。我们镇有 800 多户养牛户。一头牛，对他们来说意味着什么？很可能是一家人的生活来源，是"家底子"和"命根子"。一场疫病、一次灾害，就可能让养殖户几年的心血化为乌有。所以，帮家畜治病，也是在帮一个个家庭"过关"。现在，我坚持出诊不要钱，用药、手术、接生才收费，手头不宽裕的乡亲，还可以先赊账。从业以来，我治疗病畜 10 万多头，挽回的经济损失折合 1000 多万元。每当看到那些重焕活力的家畜，收到村民的感谢，我心中便充满了满足与自豪。从某种意义上说，治愈动物的过程，也给予了自己正能量。

今天，互联网起了大作用，"兽医出诊"的服务半径不断扩大。现实中，有一些养殖户专业知识匮乏，给家畜乱用药，甚至因"治病"而"致病"。2023 年开始，孩子把我的工作日常，比如给牛洗胃、正骨、修牛蹄等，制作成短视频上传网络，受到网友欢迎，吸引了不少粉丝。越来越多的养殖户认识到乡村兽医的重要性，开始主动学习兽医知识；在视频弹幕和留言中，许多学习动物医学专业的年轻人表示，坚定了扎根乡村的想法。借助网络，我也能够通过视频连线等方式，远程帮助陌生网友诊察家中病畜，提供治疗建议。这种崭新的服务模式，既解了养殖户的燃眉之急，也进一步推动了兽医知识普及，助力养殖业向更科学、更专业的方向发展。

一人之力有限，众人之力无穷。在农村，养殖业是村民重要的收入来源。促进养殖业发展，就是在帮助农民群众追求更加美好的生活。当下，乡村兽医还有很大的人才缺口。希望各方不懈努力，让更多人了解乡村兽医、尊重乡村兽医，吸引更多年轻人扎根乡村，拓宽服务领域，惠及广大乡亲。

（作者为黑龙江省哈尔滨市巴彦县龙庙镇乡村兽医，本报记者郭晓龙采访整理）

（龙殿俊 《人民日报》2024 年 09 月 18 日第 05 版）

# 跨越山海 护佑健康

跨越 5000 多公里，从东海之滨来到珠峰脚下，已经有 3 个年头了。从我所在的西藏日喀则市人民医院出门不远，就是城市的主干道之一上海路。这条道路，正是两地携手同心的深情印记。

对口支援西藏，医疗卫生是重要方面。2015 年，上海首批"组团式"援藏医疗队来到日喀则。至今，上海已有 23 家三甲医院累计派出 10 批 210 名医疗骨干。从破旧的老院区，到现代化的新院区，日喀则市人民医院已经成为当地最大的三甲医院，每年接诊量近 30 万人次，为各族群众的生命健康护航。

医疗援藏，带来新的经验、技术、理念、方案，让许多疑难重症患者在家门口就能得到及时有效救治。前不久，医院心内科接诊了一名患者。患者因胸痛入院，经诊断后被判断为动脉导管没有封闭，援藏医生为他开展了日喀则首例介入封堵手术。首例经皮椎体后凸成形术、首例高难度的腰椎骨折微创手术、首例腹腔镜下全子宫切除手术……这些年来，一个个"首例"为患者带来实实在在的健康福祉，带动当地医疗卫生发展水平持续跃升。目前，数百项技术落地生根，填补了不少空白，一些疑难病症可以就地得到诊治。

患有先天脊柱侧弯的旦增，跟随援藏医生去上海接受了矫正手术，期待着彻底康复后，能成为一名足球运动员；小耳畸形、听力受损，顿珠一直不够自信，手术后，他脸上的笑容渐渐多了起来……高原上的好风景很多，好故事更多。对于医生来说，没有什么比患者脸上的笑容来得更治愈、更动人。

医疗援藏，既要让更多好医生欣然奔赴，也要为当地打造一支"带不走的医疗队"。我们采用团队带团队、专家带骨干等模式，手把手帮助受援医院培养医、教、研、管人才。相比于一位专家、一台手术、一个学科的输送，"组团式"援藏可以整合优质资源，将成套制度、理念传递到受援医院，形象地讲就是"带土移植"。同时，我们持续选派业务骨干赴上海市进修学习。如今，很多以往不敢想、没法治、治不好的病，当地都能治了。

帮扶一个点，惠及一个面。为了让更多群众受益，我们的医生也积极走出去。此前，萨迦县突发一起高处坠伤，县医院救治条件不足，也没有患者需要的血液。我们紧急安排援藏医生带着血液去县里，为伤者进行手术，挽救了生命。近两年来，医疗队多次组织专家会诊、下乡巡诊，积极开展各类义诊科普活动，受益群众 2000 余人次。

2024 年是医疗人才"组团式"援藏的第十个年头。如今的西藏，已实现 400 多种"大病"不出自治区、2400 多种"中病"不出地市、常见"小病"在县级医院就能得到及时治疗。2024 年也是全国对口援藏 30 周年。30 年来，从单一的项目援藏，到人才援藏、就业援藏、"组团式"医疗援藏、"组团式"教育援藏……越来越多人才扎根雪域高原，矢志艰苦奋斗，不仅为西藏发展注入强大活力，更奏响了民族团结的强音。

援藏是缘分，是责任，更是一辈子的精神财富。这个接力棒，我们会一棒一棒传下去。

*（作者为上海市医疗人才"组团式"援藏工作队队长、日喀则市人民医院党委书记，本报记者徐驭尧采访整理）*

*（王庆华 《人民日报》2024 年 09 月 13 日第 05 版）*

# 让"沙窝窝"变"绿窝窝"

"八步沙，出门八步就是沙。"我的家乡位于甘肃省古浪县东北，地处腾格里沙漠南缘，因为曾经风沙肆虐而得名"八步沙"。在我儿时的记忆中，这里一直与黄沙为伴，吃饭嘴里都是沙，没有不落沙子的地方。

老人们说，"沙漠就像病症，吞掉了村子，赶跑了人"。132公里的风沙线，每年以7.5米的速度向南推移，侵蚀着八步沙周边十多个村庄、两万亩耕地。许多村民无奈离开，但有人选择坚守。20世纪80年代，我爷爷辈的郭朝明、贺发林等"六老汉"，拿起锹镐挺进八步沙，组建集体林场，誓与7.5万亩流沙"斗"到底。之后，我的大伯郭万刚和村民们作为第二代治沙人，向风沙危害更严重的黑岗沙、漠迷沙等地方挺进。2016年，我回到家乡，看到老一辈治沙人的辛苦付出，看到林场中的梭梭、红柳树等苗壮成长，心想不能让这些林木没人管，便决定留下来。于是，我成为第三代治沙人中的一员。

与风沙斗争，需要因时制宜，持续创新技术手段。曾经，治沙就是一棵树、一把草，压住沙子防风掏，"一步一叩首，一苗一瓢水"的土办法最为常见，但几场大风过后，近一半的树苗就会被沙子埋掉。为了让治沙工作更加精准高效，我们不断引入新设备、开发新技术。比如，先是探索"草方格＋沙生苗木"模式，降低风力影响、更好涵养水分；继而尝试固、管、护、养一体化防治，形成乔灌草结合、高中低搭配的立体治沙模式。如今，林场成立了机械管护队，引入手扶式沙障机、运水车等大型设备，有效加快防沙治沙进度、提升工程质量。设备支撑更雄厚、技术理念更先进，绿色家底更加充实。

沙漠面前，个人是渺小的。防沙治沙，必须集众力，引导更多人参与其中。近年来，我们依托八步沙六老汉治沙纪念馆、八步沙"两山"实践创新基地，开展各类教育实践活动。目前，已有超35万人走进八步沙林场、了解治沙故事，其中许多人主动参与到压沙植树、浇水管护等工作中来。聚木可成林。5年来，八步沙林场公益项目植树6.8万亩，生态画卷不断铺展。

治沙不只是种树，还得让沙地生金。把"沙窝窝"变成"绿窝窝"，再变成"金窝窝"，是我们的目标。这些年，我们发展沙产业，流转附近沙化土地，带领当地村民种植枣树、枸杞等作物，创造了300多万元收益，林场职工年收入由曾经不足3000元增长到8万元左右。造林之余，我们因地制宜，养殖沙漠土鸡，发展网络电商。实践证明，绿色发展是实现"治沙"与"治穷"共赢的有效路径，找准方向、找明优势、找对产业，就能实现生态美、百姓富的有机统一。

习近平总书记强调，"要弘扬'六老汉'困难面前不低头、敢把沙漠变绿洲的奋斗精神，激励人们投身生态文明建设"。把沙固住，把林栽好，是治沙人一辈子的事业。作为新一代治沙人，我将秉承前辈们的精神，治更多沙、栽更多树，促进生态环境持续改善，助力乡村全面振兴扎实推进。

（作者为甘肃省古浪县八步沙林场管护员，本报记者宋朝军采访整理）

（郭玺 《人民日报》2024年08月29日第05版）

# 向历史的深处求索

不少人都曾萌生这样的问题：我们是谁、从哪里来？这不单单是人们心里的困惑，也是考古学在努力回答的科学命题。

习近平总书记指出，"我们的文化自信就是从真正能证明我们的久远历史中来"。很长一段时间里，我国考古学研究主要聚焦地层学研究，以及对实物资料的类型学研究，而对创造这一区域文化主体人群的组成及来源研究较少。我国历史悠久，考古遗址众多，携带大量历史信息的古人遗骸也需要及时加以科学保存和研究。在一次国际学术会议上，曾有同行发问："怎么能证明数千年前创造了璀璨中华文明的古人类，就是现在中国人的祖先？"最直接的方式，就是想办法让古人类"开口说话"。带着责任感和紧迫感，我全身心投入古人类DNA研究中，带领团队建起了完善的超净实验室。

追溯中华民族的历史源流，离不开现代科技的支撑。这些年里，我带领团队走进考古遗址，走进少数民族聚居区，搜集了数千例古人类骨骼材料，在国内率先发布了古人类基因组实验和数据分析的完整方案，帮助提升国内实验操作及数据分析的技术水平，完善了古人类DNA研究的方法体系。

中华民族生生不息，中华文明从未中断。对文明起源和形成的探究是一个复杂的系统工程，需要把考古探索、文献研究同科学技术手段有机结合起来。通过古代和现代人群的 DNA 比对分析，我们实证了黄河流域中原地区 5000 多年前新石器时代的农业人群是汉族和藏族的共同祖先，对中华民族的形成有着主要的遗传贡献。考古学上观察到仰韶文化的扩张，遗传学上表征的黄河流域新石器时代人群的迁徙流动也与考古学证据相契合。多学科交叉验证，为文明探源提供了更多科学证据，让我们的文化自信愈加坚定。

对古人类基因的探索，在今天有着更为独特的价值和意义。随着研究发表的成果越来越多，我们也开始接到一些特殊的求助。其中有一位来自台湾的陈医生问："能不能帮我们寻找在大陆的源头？"漫长历史中，先民不断迁居台湾、繁衍生息，寻根溯源是很多人的共同心愿。2021 年，我们首次发布了中国台湾岛内 3000—2000 年前古人类的基因组数据，发现台湾古代和现代高山族都与福建古代人群和华南壮侗语人群同根同源，充分说明海峡两岸同胞自古以来就血脉相连。为考古学研究插上科技之翼，更好展现中华文明突出的连续性、统一性，无疑有助于强化各民族对中华民族的自觉认同，铸牢中华民族共同体意识。

习近平总书记强调："一个民族、一个国家，必须知道自己是谁，是从哪里来的，要到哪里去，想明白了、想对了，就要坚定不移朝着目标前进。"中华文明源远流长、博大精深，还有许多历史之谜等待破解，还有许多重大问题需要通过实证和研究达成共识。向历史的深处求索，为中华文明探源，我们将始终奋斗在路上。

（作者为厦门大学人类学研究所所长、教授，本报记者刘晓宇采访整理）

（王传超 《人民日报》2024 年 08 月 02 日第 05 版）

# 守护稀有剧种 传承文化瑰宝

在大众文化娱乐生活极大丰富的今天，古老的地方戏曲如何扩大影响力、增强吸引力？从十几岁学戏开始，我和同行们一直在探寻答案。

山西是戏曲大省，剧种丰富，群众基础好，过去几乎村村有戏台。仅拿五台赛戏来说，这一古老剧种融民俗礼仪与表演艺术为一体，距今已有600余年历史。演出时，没有固定程式，也没有婉转曲折的唱腔旋律，而以道白和吟诵诗句为主。其伴奏主要是打击乐和吹奏乐，一些剧目还需演员佩戴面具。朴素的演出形式、悠久的历史传承，使其成为戏曲百花园中的一种独特存在。

追本溯源，许多地方剧种都源于民俗活动，活跃于乡间。乡野大地散落着丰富的戏曲遗存，也聚集着天然的受众。由此而言，唤醒赛戏的生命力，不能脱离乡村这个根。我们走乡串镇，走访民间艺术团体，收集、整理遗留剧目，希望更大程度完善赛戏"拼图"。同时，我们多次到周边村镇演出，观演村民达2.6万余人次。有年长的村民告诉我，"一场赛戏，从幼时听到现在"。对他们来说，赛戏不仅仅是一种表演艺术，更是刻进骨子里的"文化乡愁"。

艺术传承发扬，必须创新。作为五台赛戏的传承人，深感责任重大。近年来，我们排练演出了《孟良盗骨》《戏柳翠》等剧目，推进《梦断三国》《赶旱船》两个剧本。赛戏的道白多以方言为主，年轻观众、外地观众不易听懂，若全用普通话，又失了原汁原味。针对这一情况，我们排戏时将普通话和方言结合，形成"五台普通话"道白，演出效果更好。在剧场演出时，我们还不时穿插一些流行小曲、说念段子，用以暖场、活跃氛围。传承并非一成不变，在守正的基础上创新剧本、表演和传播方式，使之更加契合时代、贴近受众，才能让地方戏曲获得新的生机活力。

戏曲是中华优秀传统文化的重要组成部分，也是山西地方文化的响亮招牌。近年来，山西加强对本地戏曲的保护与传承，通过增加公益性演出场次等形式，以展演促发展、以活动促繁荣，不断增强稀有剧种的生命力、影响力。得益于此，赛戏也有了更多展演机会、触达了更广泛的受众。乘着政策东风，我们大力推进戏曲进校园、进社区，同时以省际艺术交流为契机，将赛戏唱到内蒙古、江苏等地。2024 年"五一"假期，我们在五台山景区连演 5 天，为游客带去耳目一新的戏曲文化体验。这启示我们，顺应以文塑旅、以旅彰文新趋势，找准文旅融合的发力点，有助于扩大受众范围，增强戏曲发展的内生动力。

艺术常青，文化常新。一段时间以来，从广东潮汕的英歌舞、福建的游神，到甘肃的社火表演，带有浓厚地域特色的民俗文化活动赢得更多关注，优秀传统文化的魅力持续释放。我们由衷高兴，也信心倍增。守护稀有剧种，传承文化瑰宝，我们会一直唱下去。

（作者为山西赛戏团晋剧戏曲艺术有限公司负责人，本报记者郑洋洋采访整理）

（武存英 《人民日报》2024 年 07 月 23 日第 05 版）

# 种地也能"种出名堂"

总有人问，像你这样的种粮大户，年收入能有多少？我会自豪地亮出账本：11年来，我们合作社给50多名村民累计发放工资2600多万元！

2013年，我回到河南太康县杨庙乡，成立农机专业合作社，从此与土地结缘、与粮食为伴。靠政策东风、凭自身努力，一步一个脚印，我成长为当地的种粮大户。

万事开头难。一开始，担心种粮收入不稳定，我只流转了600亩耕地，购买了2台轮式收割机、1台旋耕机。小麦成熟收割的时候，600亩麦子得花10多天才能收完。遇上下雨天，则可能要持续半个月甚至更长时间。那时候，受制于收割机性能，小麦机收损失率比较高。每次收完小麦，地里不久会长出一层绿油油的麦苗。损失大，看着都心疼！不仅影响丰收，农机驾驶体验也不好，一天下来，经常灰头土脸。要是收割机能装上空调，收割、播种、打药都可以用机器，该有多好啊！好在劳有所获，合作社的小麦连年取得大丰收。售粮的时候，心里甭提多高兴了！

2021年，我流转了1万多亩土地，还购置了5台旋耕机、6台大型联合收割机、20台无人机、1台粮食烘干机，合作社各类农业机械数量达到了40多辆（台）。这些新机械不仅好用，有的驾驶舱还配备了空调等设备，农机手工作起来更加轻松舒适。农业机械化使小麦收割时间大幅缩短，2024年从开镰到收获完毕，仅用了3天。

减损就是增收。近年来，县里下大力气抓机收减损增收。2024 年，全县小麦平均机收损失率为 0.52%，与 2% 的行业标准要求相比，按小麦种植面积 172 万亩、统计年鉴前五年平均亩产估算，相当于为全县挽回粮食损失 2517.24 万斤。对我们合作社来说，这更是看得见、摸得着的效益。1 万多亩小麦，每年小麦减少损失 10 万多斤，相当于增收 10 万多元。

粮食生产根本在耕地。近些年，县里大力实施高标准农田建设，着力巩固和提高粮食综合生产能力。我们合作社的一部分耕地，就受益于高标准农田建设。"田成方、林成网、渠相通、路相连、旱能浇、涝能排"，农业生产条件得到明显改善，相比以前灌溉用水节约 20% 至 30%，耕地土壤的保水能力提高 5% 至 10%，每亩小麦增产 50 到 100 斤。同时，高标准农田里还建设了气象监测站，对光照、温湿度、风速风向、病虫害等进行实时监测。传感器联网后，坐在家里通过手机 APP 就能了解田地里农作物的生长情况，可及时开展除虫、施肥等工作。值得一提的是，2023 年合作社给几台农用机械安装了北斗导航系统。通过精准定位，我们实现了播种、收割、平整地块、植保等环节的无人化和自动化。种地不再是单纯的力气活儿，已成为高效又智能的技术活儿。

国家重视农业，科技赋能生产，农民热爱土地，天时、地利、人和，现在种地真的能"种出名堂"。咱要带着乡亲们继续耕耘，多种粮、种好粮，为创造美好生活不懈奋斗，为保障国家粮食安全贡献力量。

（作者为河南省太康县杨庙裕丰农机专业合作社理事长，
本报记者毕京津采访整理）

（李庆英 《人民日报》2024 年 07 月 12 日第 05 版）

# 探寻中华瑰宝 守望文明长河

中国文化源远流长，中华文明博大精深。2022 年 10 月，习近平总书记来到位于河南省安阳市西北郊的殷墟遗址，观摩青铜器、玉器、甲骨文等出土文物，在车马坑展厅察看商代畜力车实物标本和道路遗迹，强调"殷墟我向往已久，这次来是想更深地学习理解中华文明，古为今用，为更好建设中华民族现代文明提供借鉴"。

殷墟考古至今已有 90 多年时间，发掘时间之长、发现的文化遗存之丰富，在古代都城遗址考古中居于前列。2003 年，我第一次参与殷墟孝民屯村考古发掘，此后几乎没有离开过安阳，一直从事殷墟遗址的考古研究。随着一代代考古人追本溯源、钩深索隐，真实、立体的文明轮廓渐渐清晰，雄浑、绵延的历史长河更加澎湃。

和影视作品里的惊险刺激不同，考古工作实际上辛苦又枯燥。但是，对于我们考古人来说，考古工作的迷人之处，正在于每次发掘都是破解一个又一个未知，不断发掘就能收获无数惊喜。犹记第一次参加殷墟考古工作，在孝民屯村一带发掘殷墟遗址范围内面积最大的青铜器铸造场所，我们能够较为清晰地了解商代晚期的铸铜工艺各个环节。2010 年，我们对刘家庄北地遗址进行发掘，揭示商代晚期的引水干渠，还发现一横两纵干道，为殷墟都邑布局研究提供了重要资料。2021 年 8 月开始，我们对洹河北岸进行了大规模考古勘探，发现了围绕商王陵区的两个围沟，新探出祭祀坑

460 座以上，改变了以往对商王陵园格局的认知。一连串的考古发现，逐渐还原熠熠生辉的殷商文明。考古工作就是不断揭示中华文明密码，让这段灿烂文明在新时代焕发新光彩。

从更广阔的视野来看，考古是一项探索未知、揭示本源的重要工作。中华民族具有百万年的人类史、一万年的文化史、五千多年的文明史。就此而言，我们今天的认知仍然十分有限，需要包括考古人在内的所有人一代代接续努力，不断探索求真。比如，商王陵区祭祀坑发掘中出土的一枚玉器，做工精美、雕刻流畅，足见商代工匠的高超技艺。几十年来，殷墟出土的大量青铜器、玉器都十分难得，亚长牛尊、妇好鸮尊等文物借助先进的传播手段和多元化推介，已经成为大众喜爱的"网红文物"。这生动印证了，源远流长的中华文明是文化创新发展的源泉。只有全面深入了解中华文明的历史，才能更有效地推动中华优秀传统文化创造性转化、创新性发展，更有力地推进中国特色社会主义文化建设，建设中华民族现代文明。

如今，在洹河东岸与殷墟宫殿宗庙区隔河相望之处，全新的殷墟遗址博物馆已经落成。这是一座满足文物考古、收藏、保护、展陈需求，兼具科研、教育、服务等功能的博物馆。我们将继续努力，把更多中华文明瑰宝发掘好、保护好、利用好，让观众更直观、近距离了解辉煌的殷商文明，感受悠久的历史和深厚的文化，激发文化自信、展现文化担当。

（作者为中国社会科学院考古研究所研究员，本报记者毕京津整理）
（牛世山 《人民日报》2024 年 07 月 03 日第 08 版）

# 歌声相伴 成长飞扬

"村里的孩儿"音乐班成立5年多了。刚开始的时候，谁也不会想到，这群娃娃能受到如此多的关注，能登上更大的舞台，能亲眼去看看更广阔的世界。

大学毕业后，我来到黑龙江省安达市任民镇中心小学任教。那时，我是这里唯一的音乐教师，负责所有年级的音乐课。音乐，能给这里的孩子们带来什么？我始终在思考。随着更多同事的到来，我们碰撞出一个想法：成立一个校内音乐班，让有天赋、感兴趣的孩子能走得更远。

万事开头难。乐理知识、歌唱技巧倒还是其次的，最难的是让孩子们自信开口。起初，没有多少孩子主动加入，我们就借"老鹰抓小鸡"的游戏半开玩笑地把他们"赶到"音乐教室，利用午休时间，一对一辅导。为了帮助他们克服紧张情绪，我们让孩子们轮流上台唱歌。唱错了，就重头来过；唱对了，就掌声鼓励。为了拉近他们与音乐的距离，我们经常把特有的东北元素融入歌曲。"小鸡炖蘑菇""冰天雪地"……贴近生活的歌词引起了孩子们的兴趣。然后，我们再传授合唱技巧、乐器演奏知识。从担心跑调，到大胆开口，再到登上地方春晚舞台自弹自唱，孩子们的乐感、音准更好了。更重要的是，他们的动作更自然了，眼神更大方了，笑容也更多了。天籁童声，时时在校园里回荡，唱出他们的真情实感，更唱出对未来的向往与希冀。

音乐是心情的艺术。如何用好这一载体、强化育人功能，我们始终在不懈探索。实践中，我们经常结合青少年的兴趣特点，对流行歌曲重新填词。"你们英勇保卫祖国，每一寸山河；是你们坚定信念，像烈火指引我；红星就像你的眼睛，坚定不闪躲；是你们换来如今，美好的生活……"朗朗上口的旋律，配上充满正能量而又富有感染力的歌词，让不少孩子深深共情，甚至唱到哽咽，激扬起他们心中的爱国情、奋斗志。

音乐让孩子们更加开朗自信，纯真向上的童声也带给许多人温暖与感动。我们用视频来记录孩子们的变化进步，再借助短视频，让孩子们的歌声"飞"出小村庄。如今，"村里的孩儿"账号在几个平台的关注数超百万，点赞量达数千万，合唱作品在互联网上播放量超亿次。我想，打动人们的，是优美的旋律，是孩子们质朴纯净、天真烂漫的声音，更是他们眼里有光、全情投入的模样。

在社会各界的关注、帮助下，我们有了崭新的智能教学设备，乐器配置越发齐全，音乐教室的教学环境越来越好。我们还创作了自己的原创歌曲。"开心的时候音乐和我一起分享，苦恼的时候音乐和我一起分担，失落的时候音乐给我勇气。"一名学生的感想，诠释出音乐的力量、教育的价值。

歌声相伴的童年、放声高歌的日子，必定是难忘的。我们希望带领更多孩子走进音乐的世界，为他们打开一扇新的窗户，带他们看到更辽阔的风景。期待孩子们能从音乐中获得慰藉、汲取力量，在人生的道路上走得更稳、更远。

（作者为黑龙江省安达市任民镇中心小学音乐教师、第二十八届"中国青年五四奖章"获得者，本报记者刘梦丹采访整理）

（李平 《人民日报》2024 年 07 月 02 日第 05 版）

# 守千年青苍，护文明根脉

天一亮，推开窗，满目的柏树苍劲挺拔。套上马甲、挎着水壶、背上镰刀，一天的工作就这样开始了。我是一名古柏护林员，负责四川广元市剑阁县蜀道翠云廊段 116 棵古柏的巡护，既检查树木上有没有虫害，也观察林子里有没有火情。脚下是石板路，两侧是参天柏，肩上是沉甸甸的责任。

习近平总书记在四川考察时指出："抓生态文明建设必须搭建好制度框架，抓好制度执行，同时充分调动广大人民群众的积极性主动性创造性，巩固发展新时代生态文明建设成果。"作为古代关中平原通往四川盆地古蜀道的重要路段，翠云廊拥有迄今保存最完好的古代人工栽植驿道古柏群。7000 多株古柏平均树龄 1000 多年，最"年长"的"剑阁柏"和"帅大柏"树龄约 2300 年。古柏为何能延续得这么久、保护得这么好？正在于沿袭至今的制度、世代守护的责任。

回顾历史，这里自明代开始就有"官民相禁剪伐""交树交印"等规定。如今，"官员离任交接""林长制""树长制"等制度，让保护网越织越密。不久前，县里举行了古柏保护离任交接"交树交印"仪式，汉阳镇的原、现任党委书记现场对全镇范围内的 422 棵古柏进行清点移交。经由县林长制办公室评定，古柏保护离任交接正式生效。新时代以来，剑阁县已完成两次县长离任交接和 20 余次乡（镇）长离任交接。随着《剑阁县蜀道古柏离任交接制度》的出台完善，古柏离任交接不再是简单统计数量变化，而是更加注重责任辖区内古柏的综合状态。离任交接，是制度保护，更是责任传承。护千年青苍的职责使命，就这样一代又一代继续传下去。

"一树一档"挂牌保护、"一树一人"日常巡护、"一树一策"科学救护……在翠云廊，每一棵古柏都有人护。像我一样的古柏护林员，全县有 50 多人。我们每天会把巡护照片发到联系群里，还给每棵古树建立了电子档案，拿出手机扫一扫二维码，就能看到古柏的树龄、标号等信息。古树若是生病，还有专家"把脉"。有一次，我发现一棵柏树上有白蚁爬过的痕迹，连忙向翠云廊古柏自然保护中心反映。很快，县里的技术专家就带着工具赶来。考虑到当时正是白蚁多发季节，专家不仅对该株古柏进行喷药处理，还新设了一些监测装置进行防治。按照"一树一策"方案，我们对全县境内 3500 余株古柏砌石填土，1800 余株进行白蚁防治，337株进行支撑加固，247 株进行复壮救护。压实管护责任，激发内生动力，千年古树正焕发新的生机。

"衔空三百里，一色郁青苍。"古树跨越千年，苍翠如昔，既是承载文明记忆的"活化石"，也是彰显生态治理智慧的"活教材"。如今，在翠云廊景区，不时能遇见"点树交印"古制巡演，以古柏保护与传承为故事线，演绎离任知州、接任知州走马点树、交树交印的场景。由此，人们更能直观感受到当地对古柏代代相传的爱护，增进对植树护绿的认同，为生态文明建设汇聚更多智慧和力量。

习近平总书记强调："要把古树名木保护好，把中华优秀传统文化传承好。"我会继续当好护林员，讲好绿色故事，让古柏长青、让文化常新。

（作者为四川广元市剑阁县古柏护林员，本报记者游仪采访整理）

（杜德生 《人民日报》2024 年 06 月 21 日第 05 版）

# 用心用情讲述好英烈故事

总有人好奇地问，"为啥要耗费半个多世纪的时光守着一处革命遗址？"对于从小就埋下从军报国理想的我来说，守护英烈、讲述英烈、让更多人铭记英烈，有着非凡意义。

因为在部队执行任务时眼部意外受伤，1968 年，我退役回到江西德兴老家，来到龙头山革命烈士纪念馆担任管理员。为了纪念方志敏同志和许多土地革命时期在此抛头颅、洒热血的先烈，县里修建了这座纪念馆。刚来纪念馆工作的时候，这里只有一座简陋的砖房，馆内展品屈指可数。一草一木，寄托哀思；一品一物，皆有传承。为了把红色遗址维护好、发展好，我从修葺场馆、收集展品开始，一步步努力。那时候，趁着我的右眼还有一点微弱的视力，我抓紧时间走村串户，遍寻革命战争时期各类资料、文物。草鞋、瓷碗、老照片、信件、军工厂的子弹……村里村外的老红军、附近的乡亲们听说我的故事，纷纷把家里的老物件找出来，无偿捐赠给纪念馆。

渐渐地，我的眼睛完全看不见了，但是纪念馆应该是什么样子，我心里依然"看得见"。记得有一次，观众来参观纪念馆，看完以后意犹未尽，问起这里发生的故事。我就跟他们讲方志敏的经历、讲血战怀玉山的过往。听众多了，大家建议我干脆当讲解员，因为听了我的讲解，会更理解当年革命先烈们的理想和信念从哪里来。是啊，革命岁月，无数先辈浴血奋战，牺牲宝贵的生命打拼一个光明的未来。新时代，需要我们来讲述他们的故事、传承他们的精神。

了解历史才能看得远，理解历史才能走得远。不是只有老物件可以铭刻红色记忆，我自己也可以是传承革命烈士精神的载体。从那以后，我认真整理方志敏烈士的事迹，为参观纪念馆的观众义务讲解。我的讲解词不是一成不变的。这些年来，我靠收音机了解世界、学习知识，并把所学的新内容融入讲解词。比如最新版本的讲解词，我把党的二十大精神也加入进去，让讲解更贴近时代。

守护愈久，感受愈深。方志敏在狱中曾经畅想"可爱的中国"："欢歌将代替了悲叹，笑脸将代替了哭脸，富裕将代替了贫穷"……我现在虽然看不见，但能切身感觉到身边的变化。家乡的道路越来越平坦，孩子们的生活一天比一天好，以前很少见的小汽车，现在村里许多人家都有。收音机里，咱们的载人飞船上天，还建设了空间站，为了让航天员在天上有过年的气氛，听说咱们的火箭还给宇航员"快递"了过节的礼包……这是先辈们难以想象的好日子，也是后辈们握紧接力棒努力奋斗出来的好日子。

在我心里，纪念馆和家都让我眷恋。纪念馆里，我曾经种下的树木，现在已枝繁叶茂。近些年，大家对红色文化的兴趣越来越浓厚，来参观的人越来越多，我经常要讲解到除夕当天，才让家人来接我回家。习近平总书记强调："红色江山来之不易，守好江山责任重大。要讲好党的故事、革命的故事、英雄的故事，把红色基因传承下去，确保红色江山后继有人、代代相传。"我已经83岁了，但不想离开纪念馆，我现在已是纪念馆的一部分啦！每次讲解，我都好像"看见了"浴血奋战的革命岁月，"看见了"矢志不渝的革命理想，"看见了"红色基因的代代传承。为了这份传承，我会继续讲下去。

（作者为江西省德兴市龙头山革命烈士纪念馆管理员，
本报记者杨颜菲采访整理）

（程樟柱 《人民日报》2024年06月03日第05版）

# 技艺流传 文化流芳

如何让一门偏冷的传统艺术课出圈？2024年春季学期，我把主讲的《赣剧艺术鉴赏》课程做了一点调整：把讲台变舞台，自己登台演，也邀请同学们上台体验。没想到引起热烈反响，学生拍摄上传的视频片段还在网络走红，全网浏览量近2亿次。

"深夜三更半，村村有戏看；鸡叫天明亮，还有锣鼓响。"几句俚语，形象地展现了从前赣剧受群众欢迎的程度。赣剧发端于弋阳腔，起源于赣东北地区，融合了高腔、乱弹、昆腔等，属多声腔传统戏曲剧种，风格雅致，于2011年被列入国家级非物质文化遗产名录。最繁荣的时候，全国有10个赣剧团。但近些年赣剧面临着传播受限、后继无人的局面。

赣剧虽是地方剧种，却有着超越地域的文化魅力。我12岁入行，22岁凭《盗草》《书馆夜读》《夜选战马》三出戏摘得中国戏剧表演艺术最高奖——梅花奖。2009年，我应邀参加德国的"古老音乐节"和法国的"第四届巴黎中国戏剧节"，第一次把赣剧带到欧洲。让赣剧登上更广阔的舞台，我感到非常自豪。赣剧的传播推广，不只在舞台剧场。2010年，我正式成为一名大学老师。从舞台到讲台，从演员到教员，身份的转变促使我更深入地思考，如何让赣剧更好传承下去、传播开来。

传统艺术传承需要新鲜血液，也需要年轻观众。这些年，我们立足于学校推广传播赣剧，还尝试走向大学以外的广阔天地。2012年，我们推动"赣剧进中小学"活动,在江西南昌10所小学进行试点,并在2014年举办"赣剧新苗大奖赛",尝试挖掘后备人才。除此之外,我们还承接"高雅文化进校园"项目,每年将赣剧带进10至20所省内外学校。孩子们看着我们化装,伸手就能摸到戏服,赣剧变得更加真实可触。

时代在变,受众在变。如何把赣剧传播到更多年轻人的心坎上?抛掉讲书本的传统模式,从2023年开始我尝试录制带剧目赏析和演出示范的视频课程。2024年春天,又开设线下课程,每堂课介绍一出经典剧目。为了上好这门课,老师们为试演同学化装,并配合现场演出,大家的兴致都很高。这让传统戏曲可亲、可感、可体验,带动提升了课堂的"抬头率",成就了一门叫好又叫座的课程。这说明,不断创新呈现形式、善用新媒体新技术,既能增加课堂吸引力,也能为传统文化传播添彩。

技艺流传,不能只有流量。如今,越来越多的非遗传统文化重回人们视野。从根本上讲,这源于对中华优秀传统文化的自信和热爱。作为一名教师,我希望以此为契机,带动更多人关注、了解赣剧,成为中华优秀传统文化的传承者、弘扬者。

(作者为国家一级演员,南昌大学教授、赣剧文化艺术中心主任,
本报记者王丹采访整理)

(陈俐　《人民日报》2024年05月09日第10版)

# 传承好中医药文明瑰宝

岁月不居，时节如流。一转眼，我从医已经56年。有从事西医的临床背景，也有扎根基层的经历，还经过了数十年的中医学习与临床实践，在这个过程中，我越发感受到中医药的博大精深。

习近平总书记强调："深入发掘中医药宝库中的精华，充分发挥中医药的独特优势，推进中医药现代化，推动中医药走向世界，切实把中医药这一祖先留给我们的宝贵财富继承好、发展好、利用好，在建设健康中国、实现中国梦的伟大征程中谱写新的篇章。"如今，我国大力支持发展中医药，为促进中医药的传承创新创造了非常好的环境和条件。从传统特色到学科体系，从师承传授到学位教育，中医药事业迎来了前所未有的发展机遇。中医药的地位逐渐提升，中医药文化绽放出新光彩。

有人这样形容中医药："一缕药香跨越古今，一枚银针联通中西，一株小草改变世界。"长期以来，我们坚持对中医药诊治小儿疑难疾病的关键临床问题开展研究。我们一直致力于把雷公藤多苷的规范应用剂量引入儿科临床并开展合理使用，为更多患儿带来治愈的希望。放眼未来，加强中医优势专科建设，把中医药的理论和现代科学技术结合起来，把中医药的疗效和作用机制讲清楚，将会更加彰显中医药的生命力。

中医药的发展，机遇和挑战并存。我们既要传承中医的精华，发掘中医在疾病治疗中的特色和优势，同时也要认识到，中西医都是维护人类健康的重要手段，需要注重中西医结合、中西医并进。实践中，我们以临床医疗为重点，一手抓中医特色，一手抓现代诊疗技术，既对小儿肾病、脑病、呼吸病等多个专业的疑难疾病，进行中西医结合深入研究，又充分发挥中医药治疗慢性疑难病的优势，保持传统儿科中药散剂"简、便、廉、效"的特色。面向未来，更好坚持中西医并重和优势互补，有助于推动中医药走向世界，让"中国处方"为人类健康福祉作出更大贡献。

一名好的医生，不仅需要精湛的医术、高尚的医德，也要把自己的经验和技术继续传承下去。过去，许多儿科专家、前辈把精湛的技术、丰富的临床经验毫无保留传授给我。现在，我也有许多学生，他们正在成长为新的学术和业务骨干。我常常和他们说，作为一名医生，要永远把患者放在第一位，要不怕苦、不怕累，努力为患者减轻病痛。让中医薪火代代相传，就要加大师承教育力度，让更多年轻人有机会得到锻炼，成为会看病、能看好病的中医医生。

我已经 70 多岁了，见证了医疗卫生事业的发展进步。如今，优质医疗资源不断下沉扩容，老百姓就医获得感也持续提升。面对前来就诊的患者，我希望给他们的时间多一点，在门诊想得多一些、叮嘱得细一些。不忘初心、砥砺恒心，我将继续努力工作，做患者心中的好医生。

（作者为国医大师、河南中医药大学第一附属医院儿科医院主任医师，
本报记者杨彦帆采访整理）

（丁樱 《人民日报》2024 年 04 月 24 日第 05 版）

# 弹好化解矛盾的冬不拉

新疆阿勒泰地区福海县县城几十公里外的喀拉玛盖镇，我工作的喀拉玛盖人民法庭就设立在这里。法庭地处典型的农牧业大镇，80% 以上人口为哈萨克族，是我们县人民法院服务偏远牧区、服务基层群众的前沿阵地。

基层纠纷以小矛盾、小摩擦居多，调解工作在及时靠前化解矛盾纠纷、维护社会和谐稳定方面有着重要作用。只不过，想要取得良好的法律效果和社会效果，需要用心用情，也考验方式方法。记得有一次，两名当事人因土地承包合同纠纷到法庭讨说法。正值午餐时间，工作人员将他们请进调解室，并准备了奶茶和当地的小吃包尔萨克。大家边吃边聊，气氛渐渐融洽，过程中工作人员向当事人讲政策、讲法律，还弹起了冬不拉。在欢乐的气氛里，两名当事人解开心结，彻底放下隔阂，矛盾化于无形。

冬不拉是哈萨克族的传统乐器。每当亲友聚会、节日欢庆、放牧休憩时，悠扬的琴声就会响起。其实，调解过程就像弹奏冬不拉，被调解双方就像是冬不拉的两根琴弦。只要耐心了解、找对方法，必定会演奏出美妙的"和弦"。受此启发，我们成立了"冬不拉调解室"，将传统民俗融入司法办案，墙上悬挂着牧区优美的风光画，挂上了冬不拉，桌上摆满了各式糕点。办事群众来了，倒上热气腾腾的奶茶，调解工作在轻松的气氛中开展，收效良好。自设立以来，"冬不拉调解室"已化解各类矛盾纠纷 1600 余起，相关工作被写进最高人民法院工作报告。调解是做人心工作，充分了解社情民意、用对方式方法，才能更高效化解矛盾纠纷。

身处牧区，地广人稀，司法服务半径大，交通通信不便，仅依靠传统的工作方式，难以满足人民群众日益增长的司法需求。开展巡回审判，让法官多走路、群众少跑腿，在牧区尤其具有现实意义。近几年，我们坚持和发展新时代"枫桥经验"，在17个村设立了各有特色的调解室，还在距离镇中心260公里的夏牧场设立巡回审判点，就地办案、当庭调解，把司法便民服务延伸到草场尽头，让矛盾纠纷化解在群众家门口。去夏牧场寻找当事人，我们经常遇到车辆无法通行的情况，只能找附近的牧民借马继续往里走，有的时候还要步行爬坡，脚上磨出水泡是常有的事。做好司法服务工作，就是要跨过千山万水、克服艰难险阻，打通司法为民"最后一公里"，把公平正义送到群众身边。

牧区很大，责任更大。每一次司法服务，迈出的是脚步，收获的是支持；俯下去的是身板，树起来的是信任。我会努力将法治的种子播撒到更远的地方、更多人的心里，用心用情续写司法为民新篇章。

（作者为新疆福海县人民法院喀拉玛盖人民法庭庭长，
本报记者李亚楠采访整理）

（阿热艾·巴合特别克 《人民日报》2024年04月19日第05版）

# 育更优中国种 产更多中国粮

谷子，古称粟，去壳后称小米，曾是北方的主粮，我从小就吃着小米饭长大。然而那时候，谷物收成低，靠它养活一家人颇为不易。大学毕业后，带着"能为乡亲们做点啥"的思考，我回到家乡与谷子打起了交道。

好收成离不开好种子。谷子高产杂交种选育是世界性难题，20世纪60年代，我国就启动了这项攻关工作。很长一段时间里，科研人员借鉴水稻、高粱等杂交经验，进行了大量实验，进展却不太理想。现有的路走不通，唯有开辟新路。结合谷子对光照、温度等比较敏感的特性，我们采用光温敏"两系法"进行研究。几十万株谷穗，一株一株地比较。功夫不负有心人，我们取得关键性突破，成功选育出谷子光温敏型雄性不育系"821"。几年后，"张杂谷1号"问世，相较于常规谷种，它能增产30%以上，最高亩产突破600公斤。农业科研之路从来不是一帆风顺的，想要有所突破，就要敢于创新，走没走过的路。

从试验基地走向田间地头，需要考虑的因素不只有产量。"张杂谷1号"让产量提上来了，制种成本却高达三四十元一斤，而普通谷种只需要两元多一斤。并且，谷子除草间苗十分繁琐，这些成了推广种植的拦路虎。为了让更多老百姓愿意种、种得起，我们持续攻关，陆续培育成功"张杂谷"系列20多个品种，谷子不育系繁种产量大幅提升，制种成本也显著降低。与此同时，抗除草剂、节水耐旱、抗盐碱等优良基因，也拓展了谷子的适宜种植区域。从长城沿线的农牧交错带，到天山南麓的戈壁滩，"张杂谷"都能茁壮成长。

为了让好种子造福更多百姓，我经常去各地的乡镇农村，为农民提供技术指导，帮助他们打消顾虑、积极种植新品种。同时，我们联合科研院所和企业，探索谷子深加工技术和饲草饲料研发，拓展谷子产业发展新空间，带动粮食增产、农民增收、农业增效。不仅如此，杂交谷子还走出国门，成为我国农业援非的重要项目，为消除饥饿贫困、维护国际粮食安全贡献中国力量。

谷子总是努力向下扎根，顽强向上生长，在土地中孕育着金色的希望。做好农业科研，何尝不需要这样的精神？育种是一项周期长、见效慢的工作，为了培育出优良品种，科研人员往往需要在成千上万的种质材料中进行选配、杂交、组合。回想这些年，我们常常是一身寒气进暖棚，满头大汗走出来。农业科研季节性强，我们的生活也完全围着农时打转。一门心思扎进田间地头，不达目的誓不罢休，哪个优良品种不是这样选育出来的？

寒冬酷暑、北育南繁，周而复始。从青春岁月到年近古稀，我大半辈子都扑在这片金黄的谷穗上。如今，更多农民用上更优质的中国种、产出更多的中国粮，这是对我们最大的褒奖。建设农业强国，端牢中国饭碗，种业攻关须臾不能放松。培育更多产量更高、品质更优的好谷种，我们仍然在路上。

（作者为河北省杂交谷子技术创新中心主任，本报记者张腾扬采访整理）

（赵治海 《人民日报》2024 年 04 月 11 日第 05 版）

# 在专业领域就要"斤斤计较"

我 1990 年职高毕业后，从传统的铁路客车到地铁列车、高速动车组，从国外技术引进到大范围自主研发，30 多年间，见证了我国轨道交通从"追赶者"到"领跑者"的奋进历程。2024 年全国两会期间，习近平总书记参加江苏代表团审议，我有幸发言。习近平总书记指出，"交通行业一步一步往前，走在国际的前头，这里面很重要的就是工匠，光图纸设计得好还不行，最后要落实到焊工手里"。这些话语让我备受鼓舞。

电焊工作耗时耗力，但我始终相信，只要肯下功夫、善于钻研，人人都能练就"金刚钻"。刚走上焊工岗位时，为了快速掌握焊接要领，我白天跟着师傅学，晚上留在车间练，两年后就在技术竞赛中拔得头筹。2008 年，公司开展地铁车型全焊接线建设，为了测试，我焊了 200 多种板材，厚度从 2 毫米到 30 毫米不等，建起了焊接数据库。在制造一线历练几十年，我深深体会到，精进业务没有捷径，不怕苦、不怕累，坚持在干中学、学中干，方能掌握一技之长、成就拿手绝活。

时代发展，需要大国工匠，需要更具匠心。何为"匠"？我认为就是在专业领域中对自己"斤斤计较"。在"复兴号"动车组研制过程中，列车牵引梁和枕梁交接处的补强板关键焊缝存在难点，一筹莫展的时候，我们选择推倒重来。经过多次论证，终于找到突破口——采用"链式推进法"，用特殊尺寸坡口补强板。独特的焊接手法和角度，在不到一周的时间解决了问题，首列车顺利进入生产环节并如期交付。行业发展、社会进步不断对我们的工作提出新的要求。难点、堵点、卡点常常也是突破点，遇到困难多跟自己较劲，过硬本领就这样一点点打磨出来，事业就在一次次的突破中不断开拓。

干我们这一行，素来有传帮带的好传统。回想入行之初，正是资深师傅的言传身教、引导熏陶，帮我夯实了焊接的基本功、养成了严谨细致的好习惯。把好手艺传下去、把匠人精神传承下去，我也责无旁贷。这些年，我参与编写《焊接结构生产》等培训教材，先后完成培训63批次，带徒24人，其中4人取得高级技师资质。看到他们成长成才，我由衷自豪。大国工匠，要有大本事，也要有大担当。发挥老带新的作用，带出更多顶梁柱，才能不负韶华，不负时代。

平凡岗位也能干出不平凡的业绩。从一名普通焊工到技能专家，技能改变了我的命运。加快建设制造强国，需要更多高素质技术技能人才、能工巧匠、大国工匠。我会继续做好本职工作，为建设交通强国贡献力量，也希望带动更多人走上走好技能成才、技能报国之路。

（作者为全国人大代表、中车南京浦镇车辆有限公司电焊工，本报记者白光迪采访整理）

（孙景南　《人民日报》2024年04月02日第05版）

# 修缮老屋 留住乡愁

搭起木构架、铺上小青瓦、砌筑起屋脊……我是一名投身老屋修缮的95后，这是我与老屋结缘的第七个年头。

我的家乡浙江松阳县，被誉为"古典中国的县域标本"，分布着百余座传统古村落，大量民居依山而建、错落有致。夯土墙、木构架、小青瓦、马头墙……不少传统民居能追溯到明清时代，其设计之精巧、工艺之精湛，凸显中式建筑的美学意蕴，构成独特的乡村历史风貌，留存着一代代人的乡愁记忆，却一度因为年久失修而面临损毁消失的风险。

2016年4月，由中国文物保护基金会发起的"拯救老屋行动"项目在松阳县启动。父亲组建了一支工匠队伍，从事老屋的修缮工作。转过年，我退伍回到家乡，有空就跟着父亲到老屋的修缮现场观摩学习。亲眼见证颓败的老屋在工匠们的手中修缮复原，看到传统村落重焕新机，我深受触动，决定将手艺传承下去。

修缮老屋是门实打实的手艺活儿、精细活儿，急躁不得、马虎不得。我从最基础的锯木头、刨木头开始，跟着老师傅们一点一点学。学手艺，也学理念。为什么不能用铁钉固定，为什么不干脆换个新的……关于"怎么修"，起初的一段时间，我有很多不解。随着更深度的参与，我逐渐认识到，拯救老屋不是简单的修修补补，重点和难点都在于要在提升功能性和安全性的基础上，最大限度还原保留建筑原貌和文物价值。

老屋建筑是传统村落的重要组成部分。实践中，我们始终坚持修旧如旧、能修不换、最小干预等原则。小到一个窗框、一片屋顶的瓦片，大到老屋的地面，都有严格的修缮标准。有的古建筑隐藏结构多、建筑工艺复杂、建筑用材各有不同，有时为了找到合适的旧瓦片，需要耗费好几天甚至半个月时间。在没有设计图纸的情况下，修缮古屋的难度并不亚于建新房子。

这些年，时常有人问，为什么要耗时耗力"拯救"老屋？当黄墙黛瓦的古屋风貌在我们的手中得以复现，当传统村落再现推窗见山的景致、抬头观星的雅趣，答案其实尽在其中。留住老屋，就是留住乡愁，留住乡村的"根"和"魂"。古屋承载着村民的情感，见证着岁月的变迁。修缮古屋，让它们既古色古香又融入现代生活，宜居又宜游，不仅让当地人在这里找回了独属自己的记忆，也让八方来客有机会感受悠久的历史底蕴和独特的乡土风情。

"拯救"老屋，不止于保护。推动活化利用，才能为传统村落注入持久的生命力。随着一幢幢老屋被修缮，它们沉睡的价值也逐渐被唤醒，为产业振兴、文化振兴提供了平台。如今，家乡的许多老屋被打造成民宿、农产品展销馆、研学基地、艺术工坊等，村里兴起了多元业态，带动村民增收致富，返乡干事创业的年轻人也多了起来。与此同时，越来越多的人认识到了老房子的价值，积极主动参与老屋的修缮与保护。看到越来越多的村子活起来，聚人气、生财气，我感到由衷自豪。

手艺需要传承，事业需要接力。如今，我已经能和师傅们一起修缮一幢老屋，完成各种复杂的榫卯拼接。未来，我要继续用自己的双手，为守护古屋、传承文化尽一份力，为推进乡村全面振兴作出贡献。

*（作者为浙江省丽水市松阳县竹源乡后畲村村民，本报记者窦瀚洋采访整理）*

*（叶彦杰 《人民日报》2024年03月28日第05版）*

# 种地可以更有吸引力

一个人，能管理多少亩地？借助科技的力量，我能做好500亩的田管。我和爱人以前是做农业科研的，深信农业的学问就应该做到辽阔大地上。2017年4月，我们辞职回到江苏镇江的农村创业，一开始因为缺少耕种经验，闹过笑话、吃了苦头，但也做出思考：新农人应该给农业带来什么？我们的答案是：理念和科技。让种地更高效、更轻松、更有吸引力，成为我们的努力方向。

如果来到我们管理的田地，你就会发现，今天的农业已然变了样：从"看天吃饭"渐渐转为"知天而作"。传感系统可以实时监测光照、风速、气温、雨量等环境数据，土壤肥力怎么样、苗情长势好不好、有没有病虫害，云平台上一清二楚；田地种植运用物联网、应用遥感等先进技术和智慧农业装备，能够实现无人收割、无人耕种、无人播种、无人施肥；后台监测显示95%的麦子成熟了，一声令下机器就能开始收割，之后犁地、耕田、无人机撒肥还可以无缝衔接……我们有一组数据：与接管前相比，农民劳动强度减少了40%，肥料的利用效率提高了15%，农药的使用量减少了20%。与此同时，水稻的亩产提升9%，亩均效益增加28%。附近1万多个农户，通过技术升级实现增收，粮食品质也得到提升。科技的赋能，正让种地变得更加方便、更有效益。

当知农、爱农、敬农的年轻人源源不断加入新农人行列，农业发展就会更有希望。我们和江苏大学农业工程学院共建了培训课堂，我每个月都会抽出时间，在田间地头给学生们上课；我也和前辈、同行一起，推动成立"新农人学院"，探索不同类型新农人的培养模式，为农田注入人才"活水"。我相信，加强培训、完善政策，支持新农人大胆尝试、勇于创新，用聪明才智激活土地活力，种地就可以是新鲜的、有趣的、时尚的。

作物扎根土壤吸取营养，种地也要扎根大地汲取智慧。作为一名全国人大代表，我在农村地区经常做调研，收集、整理不同地方种粮遇到的问题和困难，再转化为一个个建议，带到全国两会上。实现多种粮、种好粮，既靠人也靠技术，尤其是懂技术的人。面对基层农技人员短缺的现状，需要加强农业科技人才队伍建设。同时，也要想方设法提高种粮收益，提升农业机械化水平，更好保障粮农权益，提高种粮积极性。此外，还要深入推进农业农村改革，吸引更多有知识、有能力的年轻人奔赴乡村全面振兴一线。

农民是值得尊重的职业，农业是大有可为的事业。为新农人建平台、搭舞台，更多青年才俊就能扎根沃野勤实干、出妙招，为农业强国建设添砖加瓦。

（作者为全国人大代表、江苏省镇江经开区永兴农机机械化专业合作社理事长）

（魏巧 《人民日报》2024 年 03 月 25 日第 05 版）

# 为美好生活保驾护航

距古城西安的"城市地标"钟楼不到 200 米，便是钟楼小区。2005 年我从部队转业，来到这里担任社区民警，至今已有 19 个年头。在这样一个暂住人口多、独居老人多、沿街门店多的社区扎下根来，既考验人，也锻炼人。

基层社区，"小事"不少。沿街门店出现的纠纷、噪声问题积蓄的矛盾、堆放杂物引起的争吵……群众身边发生的烦心事，都期待有人来帮忙调解。我们每天的主要工作，就是治安巡逻、走家串户，帮助群众解决这些困难事、烦心事。作为一方居民的"平安管家"，我们的目标很明确：服务辖区百姓、全力守护平安。

"小事"连民心，也连大局。跟社区居民打交道的时间长了，我也琢磨出一些工作门道。服务群众上，要讲真心、耐心、诚心、贴心和全身心。管理上，要重点关注三个方面：以未雨绸缪的思维开展人员管理、出租屋管理、门店场所管理。还要守住一条底线，那就是安全底线，协同多部门以警社共治等有效方法防范风险。后来，有同事把这总结为"五三一工作法"。不管用什么工作方法，我们的目标始终是更好地帮群众解决问题，把矛盾纠纷化解在萌芽状态。

社区工作千头万绪，但说到底都是为民服务、为民办事。一颗"为民之心"、一份"服务之诚"，是我们提高服务效能最有效的内在动力。社区独居的李阿姨，年纪大了不怎么下楼活动，每天在阳台上看人来人往打发时间，常和我招手一笑，算是报个平安。有天李阿姨没有"如约"出现，上楼敲门也无人回应，我赶紧联系她的子女，之后又协助将昏倒的李阿姨送到医院。在意每位居民，留意每个细节，用心用情解决每件"身边事"，才能更好满足人们对美好生活的向往。

作为一名社区民警，我或许没什么惊天动地的成绩。但是，辖区群众有需要时首先给我打个电话，就是我引以为荣的成就。把好事做到群众心坎上，群众自然就会信任。这些年，不少人喊我"姚警官""小姚""六一"，还有人喊"六师傅"，慢慢都叫顺了。不管大伙儿怎么叫，只要有事找我，我都会竭尽所能，要对得起肩上的这份责任。

习近平总书记明确要求，"把社区工作做到位做到家，在办好一件件老百姓操心事、烦心事中提升群众获得感、幸福感、安全感"。作为社区民警，我们将继续努力，在一件件"生活小事"里办好"民生大事"，用心用情用力解决好人民群众急难愁盼问题，为美好生活保驾护航。

（作者为陕西省西安市公安局碑林分局南大街派出所社区民警，
本报记者高炳采访整理）

（姚六一 《人民日报》2024 年 03 月 19 日第 05 版）

# 讲好动人的海上丝绸之路故事

作为古代海上丝绸之路重要起点，福建省泉州市有丰富的文化遗存。我工作所在的泉州海外交通史博物馆，就是以古代海外交通、海上丝绸之路以及经济文化交流为主题的博物馆。立足博物馆，讲好动人的文物故事，是我们的职责所在。

让历史说话、让文物说话，必须扎实做好史料研究。海交馆最为人熟知的，是1974年考古发掘出土的泉州湾后渚港宋代海船。这是一艘罕见的由海外返航的古代远洋商船，有完整的航行贸易轨迹、相对完好的船型本体和众多船载实物。研究古船用材、造船工艺，梳理船载货物的前世今生，不仅可以了解彼时我国造船技术、航海技术的先进水平，也可以进一步把握中外经济文化交流、人民密切往来的历史。在"泉州：宋元中国的世界海洋商贸中心"申遗时，泉州湾后渚港宋代海船就是重要的实物证据。

史料研究有深度，对文物内涵的理解有厚度，文物的展陈设计与观众的文化需求才更有契合度，海上丝绸之路的故事才更有传播力影响力。这些年来，我们持续开展学术研究与交流，通过查阅历史文献、考究出土文物、走访造船匠人等方式，不断挖掘研究的深度、拓展新的角度，尝试从不同方面还原古人在海上丝绸之路上生产生活的景象，并以生动有趣的形式呈现给海内外观众。坚持保护和研究并重、学术性与观赏性结合，有助于让文物背后的故事愈发生动可感。

博物馆有物理空间的局限，但以文物为媒介的文化交流空间无限。海船航行发展，使古代海上丝绸之路有力促进了物产交换、人员往来、文化交流。如今，承载着共同历史记忆的文物遗存，已成为促进人文交流、文化交融、民心相通的重要纽带。共建"一带一路"倡议提出以来，我们每年举办2场以上的海外展览活动。2023年7月，我们以福船为线索，在泉州和马来西亚马六甲举办"福船的故事：从泉州驶向马六甲"双城联展，串联起这两座世界遗产之城的航海商贸历史。推动精彩展陈与海外文化良性互动，既传播了中华海洋文明史，也激发了各国人民的情感共鸣。

一艘艘宝船、一件件水下文物，如同一粒粒承载往事的"时空胶囊"，向观众诉说着古代海上丝绸之路的繁荣。如今，21世纪海上丝绸之路欣欣向荣。我们将继续用好泉州海外交通史博物馆等平台，讲好动人的海上丝绸之路故事，为高质量共建"一带一路"作出新的更大贡献。

*（作者为福建省泉州海外交通史博物馆副馆长，本报记者施钰采访整理）*

*（林瀚 《人民日报》2024年03月14日第05版）*

# 呵护好景迈山的古茶林

云南普洱，澜沧江畔，景迈山的茂密森林中，有一片世界罕见的人工栽培古茶林，这里是我们的世居地。

"一芽两叶"的茶树图案，是我们布朗族的标识。千百年来，我们祖祖辈辈在景迈山种茶、采茶，造就了"山共林、林生茶、茶绕村"的人地茶和谐景观。山上有一棵高达50米的古榕树，与古茶林共同生长。榕树高大粗壮，足以抵御大风。每年开采春茶的时候，会有许多蜜蜂飞来树上筑巢，如今已有近百个蜂巢密密麻麻地挂在上面。"万物各得其和以生，各得其养以成"。蜜蜂采蜜传粉，古茶林中的榕树、樟树、石斛等植物因而蓬勃生长，森林为古茶树输送丰沃的天然养料。因此，当古茶林受到虫害的时候，我们首先想到的便是运用生态的自我修复能力。尊重自然、爱护自然，维护好生态平衡，人与自然就能和谐共处。

"像爱护自己的眼睛一样爱护茶树"，这句在景迈山上广为流传的话，已成为村民的共识。不得使用化肥农药、严禁毁灭性采摘等，很早就被写进了村规民约，每个人都自觉保护着大家共同的家园。良好的自然资源是宝贵财富。现在，不少村民开起民宿，越来越多的人做起直播，通过电商平台销售茶叶。来景迈山旅游的人变多了，茶叶销路变广了，更多的年轻人愿意回村参与文化保护传承，村里的生活变得更红火。美好生活、持续发展的根基都在良好生态。守住良好生态这个"根"，统筹保护与发展，未来的日子才能芝麻开花节节高。

走出一隅，面向世界，才能打开更广阔的发展空间。景迈山位于茶马古道的重要支线，往来的茶叶贸易使我们与其他地方有了农业技术、生产生活、文化习俗等方面的交流，这为村子提供了发展机遇。2023 年 9 月，在联合国教科文组织第四十五届世界遗产大会上，中国"普洱景迈山古茶林文化景观"被列入《世界遗产名录》，大家激动得载歌载舞。申遗成功只是开始，如今，古村落基础设施更加完善，破旧的房屋在保留原有风貌基础上得到修葺，山上"户户通电"，进村的路更平更宽了。既有本土文化的"原汁原味"，又有紧跟时代的"焕然一新"，越来越好的家乡让我们对未来发展更加自信。如今的景迈山上，茶树翠绿、鸟语花香，我们通过音乐、舞蹈等各种形式，向世界大方地展示我们的文化。

习近平总书记指出："世界文化和自然遗产是人类文明发展和自然演进的重要成果，也是促进不同文明交流互鉴的重要载体。保护好、传承好、利用好这些宝贵财富，是我们的共同责任，是人类文明赓续和世界可持续发展的必然要求。"如今，"免费喝茶"的标牌在景迈山上随处可见，我们欢迎茶商和游客来这里一品茶韵，也将继续守护好这份自然珍宝、文化瑰宝，让景迈山的千年茶香传之久远。

（作者为景迈山传统手工制茶技艺传承人，本报记者李茂颖采访整理）

（南康 《人民日报》2024 年 03 月 01 日第 05 版）

# 拓展阅读

# 唱响新时代劳动者奋斗之歌

## ——以习近平同志为核心的党中央关心关爱工人阶级和广大劳动群众纪实

劳动创造幸福，实干成就伟业。

"五一"国际劳动节来临之际，习近平总书记出席庆祝中华全国总工会成立 100 周年暨全国劳动模范和先进工作者表彰大会并发表重要讲话，高度评价 100 年来党领导的中国工人运动的光辉历程和伟大成就，充分肯定中国工人阶级和中国工会在党和国家事业发展全局中的地位和作用，深刻总结工运事业和工会工作的宝贵经验，对我国工人阶级和广大劳动群众奋进新征程、建功新时代寄予殷切期望，对做好新时代新征程工会工作提出明确要求。

党的十八大以来，以习近平同志为核心的党中央始终坚持全心全意依靠工人阶级的根本方针，高度重视和大力推进党的工运事业和工会工作，关心关爱广大劳动群众，大力弘扬劳模精神、劳动精神、工匠精神，充分调动工人阶级和广大劳动群众积极投身强国建设、民族复兴的伟大事业，共同唱响新时代劳动者奋斗之歌。

**"无论时代条件如何变化，我们始终都要崇尚劳动、尊重劳动者"**

2025 年 4 月 3 日，首都北京春和景明、惠风和畅。习近平总书记来到丰台区永定河畔，同干部群众一起参加义务植树。

铲土造坑、培土围堰、提水浇灌……习近平总书记接连种下多棵树苗。

娴熟的动作，流露出岁月不改的劳动本色。

半个多世纪前，不满 16 岁的习近平来到地处黄土高原的延川县文安驿公社梁家河大队插队。种地、拉煤、打坝、挑粪，习近平与乡亲们同吃同住同劳动，自觉接受艰苦生活的磨炼，成为种地的"好把式"。

光阴荏苒，从黄土地上的村支书，到大党大国领袖，习近平同志始终保持劳动者本色，同劳动人民站在一起、想在一起、干在一起——

在福建宁德，扛着锄头，在田间地垄同群众一起劳作；在浙江长兴，身穿矿工服，头戴矿工帽，在近千米深的矿井里，看望正在作业的矿工；在江西井冈山，拿起木槌，同当地村民一起打糍粑；在四川汶川，转动磨盘，同群众一起磨豆花……

尊崇劳动、礼赞创造，激励广大劳动群众在辛勤劳动、诚实劳动、创造性劳动中成就梦想——

宁夏宁东能源化工基地的荒滩上，两座 100 兆瓦 /200 兆瓦时的新型储能电站拔地而起，"光伏＋生态治理"让采煤沉陷区的"荒漠地"产出"绿财富"。

2016 年 7 月，习近平总书记在这里考察时指出："社会主义是干出来的，就是靠着我们工人阶级的拼搏精神，埋头苦干、真抓实干，我们才能够实现一个又一个的伟大目标，取得一个又一个的丰硕成果。"

奋斗，根植于中华儿女的基因中，是中华民族的鲜亮底色。

忆往昔峥嵘岁月，从新中国成立之初一穷二白到成为世界第二大经济体，翻天覆地的变化、举世瞩目的成就，无不凝结着亿万人民"爱拼才会赢"的冲劲闯劲。

进入新时代，中国人民团结奋斗的姿态更加昂扬，拼搏奉献的动力更加强劲。以习近平同志为核心的党中央带领全体人民砥砺奋进，推动党和国家事业取得历史性成就、发生历史性变革，实现中华民族伟大复兴进入了不可逆转的历史进程。

"劳动是推动人类社会进步的根本力量""劳动最光荣、劳动最崇高、劳动最伟大、劳动最美丽""高质量发展离不开高质量的劳动创造"……

工人阶级和广大劳动群众紧紧把握时代脉搏，将个人发展融入时代发展大潮中，在决胜全面建成小康社会、决战脱贫攻坚、推动高质量发展中发挥了主力军作用，营造了劳动光荣、知识崇高、人才宝贵、创造伟大的社会风尚。

情系工人阶级、心系工运事业，推动开创新时代工会工作新局面——

"工会工作讲起来有千条万条，最根本的一条是把广大职工群众紧密团结在党的周围，为实现党的中心任务而团结奋斗。"2023年10月23日，中国工会十八大闭幕不久，习近平总书记就同全总新一届领导班子成员集体谈话。

党的十八大以来，习近平总书记先后3次与全国总工会新一届领导班子成员集体谈话，多次出席全国劳动模范和先进工作者表彰大会等会议并发表重要讲话，多次通过座谈、贺信、回信、指示批示等方式，为党的工运事业和工会工作指明前进方向、给予巨大鼓励，亲自指导谋划产业工人队伍建设改革和工会改革。

坚持党对工运事业和工会工作的全面领导，坚持全心全意依靠工人阶级的根本方针，坚持服从和服务于党的中心任务，坚持工会组织的政治性、先进性、群众性，坚持以服务职工群众为生命线，坚持依法依章程开展工作……

"100年来，党的工运事业理论创新和实践发展的最重要成果，就是形成了中国特色社会主义工会发展道路。"习近平总书记强调。

丹心如一，真情永恒，凝聚起广大劳动群众撸起袖子加油干、风雨无阻向前行的强大力量——

2019年春节前夕，习近平总书记走进北京前门石头胡同的一家快递站点，看望正在工作的"快递小哥"。

习近平总书记握住快递员刘阔的手，询问他们的工作生活情况，并祝他们春节快乐。听说大家年三十才能回家，习近平总书记动情地说，"快递小哥"工作很辛苦，起早贪黑、风雨无阻，越是节假日越忙碌，像勤劳的小蜜蜂，是最辛勤的劳动者，为大家生活带来了便利。

党的十八大以来，习近平总书记关心看望职工群众的足迹遍布大江南北，对改善广大劳动群众生产生活条件时刻记挂在心。

在湖南长沙，习近平总书记主持召开基层代表座谈会，乡村教师、农民工、种粮大户、货车司机……30 名基层代表齐聚一堂。习近平总书记同发言的每一位代表都进行了交流，指出"一个时期有一个时期的问题，一个群体有一个群体的困难，我们要重视起来，不断解决"。

在上海，习近平总书记来到闵行区新时代城市建设者管理者之家考察。习近平总书记微笑着对大家说："你们也是上海的建设者、贡献者，所以上海也要关心你们""确保外来人口进得来、留得下、住得安、能成业"。

"关注一线职工、农民工、困难职工等群体，完善制度，排除阻碍劳动者参与发展、分享发展成果的障碍，努力让劳动者实现体面劳动、全面发展""要完善多渠道灵活就业的社会保障制度，维护好卡车司机、快递小哥、外卖配送员等的合法权益"……

习近平总书记强调："要坚持以人民为中心的发展思想，创造更加良好的就业和劳动条件，推进高质量就业，有序提高劳动、技能、知识、创新等要素在收入分配中的权重，不断增强广大职工和劳动群众的获得感幸福感安全感。"

深厚的情谊、殷切的关怀，化作奋进的动力。

放眼神州大地，工人阶级和广大劳动群众与党同心、跟党奋斗，踊跃投身以高质量发展推进中国式现代化的火热实践，为全面推进强国建设、民族复兴伟业而不懈奋斗。

**"要深入践行社会主义核心价值观，大力弘扬劳模精神、劳动精神、工匠精神"**

2024 年 9 月，习近平总书记给中国一重产业工人代表回信，对他们予以亲切勉励并提出殷切希望：

"制造业是立国之本、强国之基。新时代新征程，希望你们坚守技能报国初心，弘扬劳模精神、劳动精神、工匠精神，苦练内功、提高本领，继续为建设制造强国、推动东北全面振兴贡献智慧和力量。"

党的十八大以来，习近平总书记两次到中国一重有关制造基地考察，对企业改革创新、经营管理等提出要求。

伟大事业孕育伟大精神，伟大精神引领伟大事业。

纵观百年奋斗岁月，在各个历史时期，劳动模范始终是我国工人阶级中闪光的群体：

革命战争年代，"边区工人一面旗帜"赵占魁、"兵工事业开拓者"吴运铎、"新劳动运动旗手"甄荣典等，以身作则，带动群众投身党领导的人民解放事业；

新中国成立后，"高炉卫士"孟泰、"铁人"王进喜、"两弹元勋"邓稼先等，响应党的号召，带动广大群众自力更生、奋发图强；

改革开放时期，"蓝领专家"孔祥瑞、"金牌工人"窦铁成、"中国航空发动机之父"吴大观等一大批劳动模范和先进工作者，干一行、爱一行，专一行、精一行，积极投身改革开放和社会主义现代化建设。

党的十八大以来，习近平总书记始终强调要大力弘扬劳模精神、劳动精神、工匠精神，让诚实劳动、勤勉工作蔚然成风。

2020 年 11 月，在全国劳动模范和先进工作者表彰大会上，习近平总书记精辟阐释了三种精神的科学内涵："爱岗敬业、争创一流、艰苦奋斗、勇于创新、淡泊名利、甘于奉献的劳模精神""崇尚劳动、热爱劳动、辛勤劳动、诚实劳动的劳动精神""执着专注、精益求精、一丝不苟、追求卓越的工匠精神"。

在习近平总书记心中，劳动模范和先进工作者是人民的楷模、国家的栋梁。

2013 年 4 月 28 日，习近平总书记在全国总工会机关，同来自全国 31 个省区市的 65 名劳动模范代表围坐一起。他们中，年龄最大的 84 岁，最小的 25 岁。

座谈期间，习近平总书记站起来，接过"杂交水稻之父"袁隆平递来的超级杂交稻照片仔细察看；赞扬第三套人民币上女拖拉机手的原型梁军"中国第一位女拖拉机手，你是很了不起"；叮嘱爱岗敬业、奉献社会的工人郭明义"要注意身体"……

习近平总书记强调："全国各族人民都要向劳模学习，以劳模为榜样，发挥只争朝夕的奋斗精神，共同投身实现中华民族伟大复兴的宏伟事业。"

榜样蕴藏无穷力量，精神激发奋斗意志。

2018 年"五一"国际劳动节前夕，中国劳动关系学院劳模本科班学员收到了习近平总书记的回信。

"社会主义是干出来的，新时代也是干出来的。希望你们珍惜荣誉、努力学习，在各自岗位上继续拼搏、再创佳绩，用你们的干劲、闯劲、钻劲鼓舞更多的人，激励广大劳动群众争做新时代的奋斗者。"

劳模班学员、天安门广场的"保洁卫士"蔡凤辉回忆起读到回信时的情景，仍然很激动："我要以更大的干劲、闯劲、钻劲，传承劳模精神，走好时代之路，为北京环境卫生干净整洁献出自己的微薄之力。"

近年来，中华全国总工会每年发布"大国工匠年度人物"，开展劳动模范和先进工作者选树工作。2021 年至 2024 年共表彰全国五一劳动奖状集体 1059 个、全国五一劳动奖章获得者 4286 名、全国工人先锋号 4331 个。

2025 年，1670 名全国劳动模范和 756 名全国先进工作者受到表彰。

在习近平总书记心中，大国工匠是中华民族大厦的基石、栋梁。

2021 年 6 月 29 日，人民大会堂金色大厅华灯璀璨、气氛热烈。

伴着铿锵雄壮的乐曲声，在焊工岗位奉献 50 多年、已逾古稀的"钢铁裁缝"艾爱国大步走上授勋台，习近平总书记亲自为他颁授"七一勋章"，同他亲切握手、表示祝贺，并语重心长地说："大国工匠，国家就需要你这样的人。"

2024 年全国两会期间，习近平总书记参加江苏代表团审议。中国中车技能专家孙景南代表发言时谈到自己对大国工匠的理解："'匠'字就是在专业领域中对自己'斤斤计较'一点，历经磨砺方能实现突破。"

习近平总书记点头赞许，感慨道："这里面很重要的就是工匠。光图纸设计得好还不行，最后要落实到焊工手里""要树立工匠精神，把第一线的大国工匠一批一批培养出来。这是顶梁柱"。

从中国空间站遨游太空到国产大飞机一飞冲天，从中国高铁叫响全球到港珠澳大桥飞架三地，一系列大国重器、超级工程、科技成就，都离不开大国工匠的默默付出、孜孜以求。

党的十八大以来，习近平总书记对建设高素质劳动大军高度重视，强调"造就一支有理想守信念、懂技术会创新、敢担当讲奉献的宏大产业工人队伍""当代工人不仅要有力量，还要有智慧、有技术，能发明、会创新，以实际行动奏响时代主旋律""要顺应新一轮科技革命和产业变革，全面提升劳动者素质"……

2022 年 4 月 27 日，首届大国工匠创新交流大会开幕。习近平总书记发来贺信，强调"技术工人队伍是支撑中国制造、中国创造的重要力量""各级党委和政府要深化产业工人队伍建设改革，重视发挥技术工人队伍作用，使他们的创新才智充分涌流"。

殷切嘱托，化为工人阶级和广大劳动群众精益求精、争创一流、勇攀高峰的强大动能。

**"依靠劳动创造扎实推进中国式现代化，在强国建设、民族复兴的新征程上充分发挥主力军作用"**

推进中国式现代化，根本上靠劳动、靠劳动者创造。

习近平总书记强调："实践充分证明，我国工人阶级不愧是中国共产党最坚实最可靠的阶级基础，不愧是我们社会主义国家的领导阶级，不愧是先进生产力和生产关系的代表，不愧是坚持和发展中国特色社会主义的主力军。"

从"连一辆汽车、一架飞机、一辆坦克、一辆拖拉机都不能造"，到成为拥有联合国产业分类目录中全部工业门类的制造业第一大国；从山河破碎、满目疮痍，到建成了全球最大的高速铁路网、高速公路网、世界级港口群……

在中国共产党领导下，工人阶级和广大劳动群众以奋斗为笔、汗水为墨，写下不朽的劳动壮歌——

新中国成立之初开展的"爱国增产节约运动"，各级工会在三年里组织并采纳全国工人提出的合理化建议 48.9 万余件，鞍钢工人改进工艺省下万吨钢材，上海纺织厂创新流程缓解物资短缺……

2008 年应对国际金融危机冲击，亿万产业工人团结一心、埋头苦干、默默奉献，较快扭转了我国经济增速下滑的势头，成为共和国的中流砥柱。

当前，世界百年未有之大变局加速演进，经济全球化遭遇逆流。面对关税战、贸易战损害各国正当权益，破坏多边贸易体制，冲击世界经济秩序，中国亿万产业工人不信邪、不怕压，知难而进、迎难而上，以锐意创新的勇气、敢为人先的锐气、蓬勃向上的朝气，彰显中国号巨轮乘风破浪、行稳致远的底气和信心。

"我们这些年一步一个脚印，真正在添砖加瓦建设中国特色社会主义现代化强国大厦的人，他们都是值得我们尊敬的""我们的现代化既是最难的，也是最伟大的。从这个角度看，紧紧依靠工人阶级是必不可少的，工人阶级代表先进生产力"。2022年10月17日，习近平总书记参加党的二十大广西代表团讨论时指出。

"70多年来，中国发展始终靠的是自力更生、艰苦奋斗，从不靠谁的恩赐。有以习近平同志为核心的党中央坚强领导，中国式现代化道路必将越走越宽广，产业工人技能报国的舞台也会越来越广阔。"回想起当时向习近平总书记汇报的场景，广西汽车集团有限公司首席技能专家郑志明依然激动不已。

推进中国式现代化，必须锻造一支高素质劳动大军。

2019年9月，习近平总书记对我国技能选手在第45届世界技能大赛上取得佳绩作出重要指示强调，劳动者素质对一个国家、一个民族发展至关重要。技术工人队伍是支撑中国制造、中国创造的重要基础，对推动经济高质量发展具有重要作用。

2025年1月，习近平总书记来到辽宁本溪，考察了鞍钢集团所属的本钢板材冷轧总厂第三冷轧厂，了解企业加快转型升级、推进高质量发展等情况。

国产化率有多高，技术还有哪些短板，产品市场前景怎么样……习近平总书记问得细致。

面对一位位劳动模范、青年技术骨干、一线职工代表，习近平总书记语重心长："要继续努力，把短板补上，把结构调优，继续为中国式现代化多作贡献。"

产业工人队伍建设改革，是党和国家一项具有战略性、全局性的重大决策部署，也是习近平总书记亲自点题、亲自部署、亲自指导的重大改革。

2024年10月，中共中央、国务院印发《关于深化产业工人队伍建设改革的意见》，明确提出9个方面、27条重要举措，充分体现了习近平总书记和党中央对工人阶级和工会工作的高度重视，对广大产业工人的关心关怀，为进一步深化产业工人队伍建设改革指明了方向。

广大产业工人把坚定信念、学习知识、钻研技术、敢于担当作为人生追求，在各自岗位上苦练本领、提升素质，为发展实体经济、提升国家核心竞争力充分展现聪明才智。

2020 年 5 月，习近平总书记在山西考察，走进太钢不锈钢精密带钢有限公司的车间，只见一条条薄如纸页的亮银色箔材，随着开卷机向高温退火炉里传送。

这种超薄精密不锈带钢，厚度仅为 0.02 毫米，广泛应用于航天航空、高端电子、新能源等领域，在世界上属于领先水平。由于可以轻易撕开，被形象地称为"手撕钢"。

习近平总书记拿起一片"手撕钢"仔细察看，用手指轻轻扭折了一下，不禁称赞："工艺确实好，就像锡纸一样薄，百炼钢做成了绕指柔。"

工会是职工之家，工会干部是职工的"娘家人"。新形势下，工会工作只能加强，不能削弱；只能改进提高，不能停滞不前。

近年来，我国持续加快推动健全保障产业工人主人翁地位的制度安排，加大表彰激励力度。在十四届全国人大代表中，一线工人、农民代表占代表总数的 16.69%；2018 年以来，全国五一劳动奖章表彰中产业工人比例均超过 40%。

"要坚持正确政治方向，把广大职工和劳动群众紧紧团结在党的周围"；

"要坚持以职工为中心的工作导向，竭诚服务职工群众、促进职工全面发展"；

"要深化工会改革和建设，不断增强引领力、组织力、服务力"。

习近平总书记强调，百年工会正站在新的历史起点上，党和国家对工会组织寄予厚望，职工群众对工会组织充满期待。各级工会要全面贯彻落实党中央决策部署，推动工会工作高质量发展，书写我国工运事业更加壮丽的时代篇章。

2023 年 7 月，习近平总书记在江苏考察，来到南瑞集团有限公司。在企业智能制造生产区，热情的员工们围拢过来，向习近平总书记高声问好。

看到大家意气风发、朝气蓬勃，习近平总书记的话充满期待："我们说大器晚成，大器是什么？就是那些最好的东西、最高精尖的东西，这些东西都不是一下子可以做成的，都要下很大的功夫，甚至要用毕生精力。希望大家立志高远、脚踏实地，一步一步往前走，以十年磨一剑的韧劲，以'一辈子办成一件事'的执着，成就有价值的人生。"

用创造拥抱新时代，以奋斗铸就新辉煌。

新时代新征程，工人阶级和广大劳动群众以习近平新时代中国特色社会主义思想为指导，脚踏实地、奋发进取、拼搏奉献，以更加饱满的热情、更加昂扬的斗志，为全面推进强国建设、民族复兴伟业再创新的荣光！

（新华社北京 4 月 30 日电 记者齐中熙、樊曦、叶昊鸣、黄垚）

（《人民日报》2025 年 05 月 01 日第 01 版）

# 劳动谱写时代华章 奋斗创造美好未来

## ——习近平总书记激励广大劳动群众大力弘扬劳模精神、劳动精神、工匠精神

光荣属于劳动者，幸福属于劳动者。

习近平总书记在庆祝中华全国总工会成立 100 周年暨全国劳动模范和先进工作者表彰大会上指出，要深入践行社会主义核心价值观，大力弘扬劳模精神、劳动精神、工匠精神。工人阶级和广大劳动群众在长期奋斗中铸就的劳模精神、劳动精神、工匠精神，是社会主义核心价值观的生动体现。要大力弘扬劳动最光荣、劳动最崇高、劳动最伟大、劳动最美丽的社会风尚，营造尊重劳动、尊重知识、尊重人才、尊重创造的良好氛围，激励全体人民通过辛勤劳动、诚实劳动、创造性劳动实现对美好生活的向往。

"劳动创造了中华民族，造就了中华民族的辉煌历史，也必将创造出中华民族的光明未来。"

党的十八大以来，习近平总书记深情礼赞劳动创造，提出大力弘扬劳模精神、劳动精神、工匠精神，激励广大干部群众朝着强国建设、民族复兴宏伟目标踔厉奋发、勇毅前行，汇聚起广大劳动群众奋进新征程的磅礴力量。

### 厚植劳动情怀

*"无论时代条件如何变化，我们始终都要崇尚劳动、尊重劳动者"*

4 月 3 日，北京丰台区永定河畔，春和景明、惠风和畅。习近平总书

记拿起铁锹走向植树点，同现场的北京市、国家林草局负责同志和干部群众、少先队员一起忙碌起来。铲土造坑、培土围堰、提水浇灌……习近平总书记在这里接连种下油松、金枝槐、美人梅、车梁木、杜仲、元宝枫等多棵树苗。

一边劳动，习近平总书记一边询问孩子们的学习生活和劳动锻炼情况，勉励他们"美好生活都是靠劳动创造出来的""在劳动中锻炼身体、锤炼意志、增长知识"。

"劳动是一切幸福的源泉。"对于劳动教育，习近平总书记非常关心，强调"要教育孩子们从小热爱劳动、热爱创造，通过劳动和创造播种希望、收获果实，也通过劳动和创造磨炼意志、提高自己"。

"这是我们共同给树苗浇水，实际上也在为你们浇水""从小就给它扶正了"。党的十八大以来，习近平总书记连续13年参加首都义务植树活动，同孩子们一起劳动时，手把手教给他们怎么拿铁锹、怎么拎水桶、怎样培土围堰。

细细叮嘱、殷殷寄语，言传身教中，崇尚劳动、尊重劳动的种子在幼小的心灵播下。

十年树木，百年树人。

这个春天，江苏泰州市姜堰区实验小学教育集团把课堂从教室"搬"到田间地头，引导孩子们在汗水中感受劳动的快乐。从耕种体验到食物制作，从清洁卫生到手工活动，各地中小学开设了丰富多彩的劳动课程，让学生们感知劳动乐趣、体会劳动光荣。

"近年来，劳动课正式成为中小学的一门独立课程，孩子们在接受劳动教育中，不仅能获得劳动技能、养成劳动习惯，更磨炼了意志品质、培养了责任担当，有助于形成正确的世界观、人生观、价值观。"姜堰区实验小学教育集团校长高金凤说。

"我是黄土地的儿子""我们的根扎在劳动人民之中"。

从农村大队党支部书记到党的总书记，习近平同志始终保持劳动者本色，对劳动有着深刻的理解，对劳动人民有着深厚的感情。

黄河入海口，俯身摘豆荚，一撮一捻，顺手将一颗大豆放进嘴里，细细咀嚼："豆子长得很好"；中原大地上，托起麦穗看灌浆，对老乡笑言"我们都是种庄稼出身"；北京草厂胡同，和街坊四邻团团围聚包饺子……

岁月悠悠，本色不改。

始终坚持"站在最大多数劳动人民的一面"，同劳动人民站在一起、想在一起、干在一起。党的十八大以来，习近平总书记一次次来到基层一线劳动者中间。农民工待遇好不好，环卫工工间咋歇息……普通劳动者的急难愁盼、安危冷暖，习近平总书记一直挂在心间。

前不久，京唐城际铁路北京段进入轨道精调阶段。为了这一刻，中铁十四局京唐城际铁路项目测量主管李维川已坚守了许多日夜。

"我是从一名农民工成长起来的，我永远不会忘记习近平总书记对我们一线工人的关怀。"李维川说。

2013年春节前夕，习近平总书记来到北京地铁8号线南锣鼓巷站施工工地，看望慰问坚守岗位的一线劳动者。当时，李维川就在现场。

"全社会一定要关心农民工、关爱农民工。"这些年来，习近平总书记的暖心话语在李维川心中久久回荡。白天，不断尝试运用新的测量技术，晚上整理数据、学习理论知识……长期坚持钻研，李维川从农民工成长为业内专家。

广西考察时，习近平总书记强调"要完善多渠道灵活就业的社会保障制度，维护好卡车司机、快递小哥、外卖配送员等的合法权益"；河北塞罕坝，习近平总书记详细了解护林员工作生活情况，关切询问："你们还有什么困难？"……

来自人民，植根人民，情系人民。

"无论时代条件如何变化，我们始终都要崇尚劳动、尊重劳动者，始终重视发挥工人阶级和广大劳动群众的主力军作用。"

"人世间的美好梦想，只有通过诚实劳动才能实现；发展中的各种难题，只有通过诚实劳动才能破解；生命里的一切辉煌，只有通过诚实劳动才能铸就。"

"社会主义是干出来的，新时代是奋斗出来的。"

…………

深情话语，彰显崇尚劳动的情怀；深切厚望，饱含对工人阶级和广大劳动群众不懈奋斗、勇往直前的期待。

新时代的劳动者心怀梦想，砥砺奋进，在广阔天地间挥洒汗水，用双手打拼更加美好的未来。

## 关爱劳模工匠

"加快建设一支知识型、技能型、创新型产业工人大军，培养造就更多大国工匠和高技能人才"

技术工人队伍是支撑中国制造、中国创造的重要力量。

山东日照港，海天辽阔，碧波荡漾。看着全自动化集装箱码头一派繁忙景象，山东港口集团全自动化码头建设创新团队带头人张连钢十分欣慰："10 多年前，我们到国外的自动化码头参观。国外同行'连捂带盖'，连下车拍照都不让。"鼓足一口气，他带领团队攻克一个个难关，实现软硬件设备全部国产化。如今，日照港成为全球首个顺岸开放式全自动化集装箱码头。

2024 年 5 月 22 日，习近平总书记来到日照港考察。"我们要从大国走向强国，肯定要过这一关，走自主创新的道路。"习近平总书记赞许地说，"你们的贡献很大，体现了劳模精神、工匠精神。"

"习近平总书记的话，鼓舞我们继续坚持自立自强，为加快建设世界一流的海洋港口贡献力量。"张连钢说。

劳动模范是民族的精英、人民的楷模、共和国的功臣，大国工匠是我们中华民族大厦的基石、栋梁。

20多米高、1.5万吨重，这是中国一重水压机锻造厂车间一台水压机的规格。在副厂长刘伯鸣的操作下，这个庞然大物向下施压，将一个个钢锭塑造成型。

"我们就像是'挥舞大锤'的铁匠，但打造的锻件要用于核电、石化、冶金等重要领域，必须丝毫不差。"从普通技术工人一步步成长为大国工匠，刘伯鸣带领团队独创了50多种锻造方法、40多项锻造技术。

2024年9月，刘伯鸣和工友们收到了习近平总书记的回信："新时代新征程，希望你们坚守技能报国初心，弘扬劳模精神、劳动精神、工匠精神，苦练内功、提高本领，继续为建设制造强国、推动东北全面振兴贡献智慧和力量。"

这份鼓励，让刘伯鸣和工友们干劲十足："我们会持续磨砺本领、发挥好传帮带作用，在工作中努力取得更加优异的成绩。"

劳动光荣，技能宝贵，创造伟大。

"劳动模范和先进工作者、先进人物不仅自己要做好工作，而且要身体力行向全社会传播劳动精神和劳动观念，让勤奋做事、勤勉为人、勤劳致富在全社会蔚然成风。"

"工会要协同各个方面为劳动模范、大国工匠发挥作用搭建平台、提供舞台，培养造就更多劳动模范、大国工匠。"

"加快建设一支知识型、技能型、创新型产业工人大军，培养造就更多大国工匠和高技能人才。"

…………

引领感召，全国各地以崇高礼遇褒奖、致敬劳模工匠。一个个"大国工匠工作室""技能大师工作室"在各地开花结果，劳模工匠开展传帮带的工作平台和渠道日益完善，劳动模范、大国工匠和高技能人才示范引领作用得到更好发挥。

"你的职称走的是哪个序列？"

2022 年 10 月 17 日，在参加党的二十大广西代表团讨论时，习近平总书记询问坐在对面、身着车间工服的郑志明。

来自广西汽车集团的郑志明答得详细："咱们国家出台了打破天花板的政策，我刚评上特级技师，还评上了高级工程师。党的政策让我们职高毕业的工人，也有了好出路。这是过去想都没有想到的。"

郑志明的一席话，说出了许多产业工人的心声。近年来，一项项行动密集展开，打破职业发展天花板、广泛深入持久开展全国引领性劳动和技能竞赛、加快建设公共实训基地和工匠学院、增加产业工人在各级各类评选中的名额比例等一系列政策举措，推动产业工人的地位和待遇进一步提高，激励广大劳动者练强精湛本领、尽情施展才干。

当前，新一轮科技革命和产业变革迅猛发展。劳动者素质对一个国家、一个民族发展至关重要。

党的十八大以来，习近平总书记始终对建设高素质劳动大军高度重视，强调"当代工人不仅要有力量，还要有智慧、有技术，能发明、会创新，以实际行动奏响时代主旋律"。

在闽江学院，语重心长地告诉大家："高校不仅要培养研究型人才，也要树立应用型办学理念，培养青年一代适应社会需要的技能。"

在贵州省机械工业学校实训基地，对同学们表示："各行各业需要大批科技人才，也需要大批技能型人才，大家要对自己的前途充满信心"……

贴心的话语，鼓励广大技能劳动者以匠心匠艺拓宽职业发展道路，书写更加精彩的人生篇章。

从国务院印发《国家职业教育改革实施方案》，到中办、国办印发《关于推动现代职业教育高质量发展的意见》，到《中华人民共和国职业教育法》修订实施，再到中办、国办印发《关于深化现代职业教育体系建设改革的意见》，一项项制度安排，一系列有力举措，夯实了职业教育稳健前行的根基，为技能人才成长成才创造了良好条件，也为大国工匠涌现提供了扎实支撑。

千帆竞发，百舸争流。这是一个有机会干事业、能干成事业的时代。劳动模范和先进工作者愈加成为全社会光辉闪耀的群体，广大劳动者见贤思齐、持续淬炼自身技艺，技能成才、技能报国的道路越来越宽阔。

### 礼赞劳动创造

*"梦想属于每一个人，广大劳动群众要敢想敢干、敢于追梦"*

春日的江汉平原，广袤田野上生机勃勃。湖北嘉鱼县潘家湾镇十里蔬菜长廊满目青翠、菜农们在菜畦间穿梭劳作，乡村产业振兴的图景徐徐铺展。

2024 年 11 月 5 日，习近平总书记来到这里，沿田埂走进菜地深处，细问蔬菜生长期、收割存储、销量价格。

习近平总书记最牵挂的，还是乡亲们的获得感："不能忘了农民这一头，要让农民得到实惠。"田里劳作的菜农叶祥松聊起收入打开了话匣子。临走时，习近平总书记微笑着探身向前，伸出手来。叶祥松迈前一步，紧紧握住习近平总书记的手。

紧紧相握的手，传递奋斗向上的力量。

"幸福生活是奋斗出来的，我相信只要脚踏实地、辛勤耕作，日子一定可以越过越美。"叶祥松说。

新时代，每一个人都是见证者、开创者、建设者。

"梦想属于每一个人，广大劳动群众要敢想敢干、敢于追梦。说到底，实现中华民族伟大复兴的中国梦，要靠各行各业人们的辛勤劳动。"情深意长的寄语，蕴含着习近平总书记将梦想变为现实的深邃思考。

一条邮路，联通着大山与外面的世界，承载着乡亲们的期盼与惦念。天蒙蒙亮，全国劳动模范、云南怒江傈僳族自治州称杆乡邮政所所长桑南才跨上摩托车，开始了新一天的送件工作。

山高谷深，道路崎岖，桑南才 37 年间骑坏了 5 辆摩托车，磨破了 160 多个邮包。"邮路越来越通畅，大家伙的日子越过越红火，所里的快递量也在不断增加，沿途的风景怎么也看不够。"桑南才说。

新时代是奋斗者的时代。三百六十行，行行出状元。

如何从一名建筑工人成长为全国劳动模范、全国技术能手？近日，在湖南第一师范学院，中建五局总承包公司项目质量总监邹彬分享了自己的成长故事。从湖南小山村一路走来，他用韧性和耐心，实现我国砌筑项目在世界技能大赛中奖牌零的突破，用双手"砌"出人生的精彩。

2020年9月17日，习近平总书记在湖南长沙主持召开基层代表座谈会，邹彬惊喜地发现，习近平总书记坐在自己正对面。"从一点一滴做起，把小事当大事干，踏踏实实把正在做的事情做好，靠勤劳双手成就属于自己的人生精彩"，习近平总书记的话让邹彬追梦的信心更足，把工作干到极致的信念更加强烈。

"任何一名劳动者，无论从事的劳动技术含量如何，只要勤于学习、善于实践，在工作上兢兢业业、精益求精，就一定能够造就闪光的人生。"习近平总书记的话语激励着千千万万的劳动者。

干一行、爱一行、钻一行，各行各业的劳动者踏实劳动、勤勉劳动，在平凡岗位上干出不平凡的业绩。

"梦想"号探秘大洋，南极秦岭站崛起冰原，新能源汽车年产量突破1000万辆……随着我国新质生产力蓬勃发展，各种新产业新业态新模式竞相涌现，为新时代的劳动者、追梦人提供了大显身手的广阔舞台。

"今天，党领导14亿多人民正意气风发奋进在中国式现代化的新征程上。时代不同，使命任务发生变化，但艰苦奋斗、团结奋斗、不懈奋斗的精神永远不会变。"

广大劳动者牢记习近平总书记嘱托，在各自岗位上奋发进取、锐意创新、争创一流，必将汇聚起新时代昂扬奋进的磅礴力量，创造出更加幸福美好的未来。

（本报记者 冯春梅 李昌禹 刘博通《人民日报》2025年04月29日第02版）